金融刺客·金融战役史系列丛书

财阀的魔杖

——日本金融战役史

江晓美 著

中国科学技术出版社

·北京·

图书在版编目（CIP）数据

财阀的魔杖：日本金融战役史/江晓美著. —北京：中国科学技术出版社，2010.3

（金融刺客：金融战役史系列丛书）

ISBN 978-7-5046-5586-8

Ⅰ.①财… Ⅱ.①江… Ⅲ.①金融-经济史-日本 Ⅳ.①F833.139

中国版本图书馆CIP数据核字（2010）第033998号

本社图书贴有防伪标志，未贴为盗版

责任编辑：王明东　张　群
封面设计：耕者工作室　李丹
责任校对：林　华
责任印制：王　沛

中国科学技术出版社出版

北京市海淀区中关村南大街16号　邮政编码：100081

电话：010—62173865　传真：010—62179148

http://www.kjpbooks.com.cn

科学普及出版社发行部发行

北京玥实印刷有限公司印刷

*

开本：787毫米×960毫米 1/16　印张：11.75　字数：200千字
2010年3月第1版　2010年3月第1次印刷
印数：1—5000册　定价：30.00元
ISBN 978-7-5046-5586-8/F·684

（凡购买本社图书，如有缺页、倒页、脱页者，本社发行部负责调换）

汪洋中的一条船

（代前言）

第47届纽约电影节9月25日至10月11日召开，组委会选出的29部参展电影来自18个国家，其中只有一部日本影片，即《蟹工船》。

1929年3月，日本著名作家小林多喜二发表了小说《蟹工船》，作品旨在对交错于"蟹工船"这种劳动形态之上的"帝国主义-财阀-国际关系-工人"进行总揭示。

小说一开头让上船捕蟹的渔工喊出"下地狱喽！"

现实比小说更恐怖，1933年小林多喜二被警察拷打致死，年仅29岁。

80年过去了，小林多喜二没有想到，他的作品会再度火暴日本，风靡欧美。

英国《每日电讯报》分析指出："这部小说突然畅销的深层原因，在于它唤起了社会底层'新穷人'的共鸣。"

1929年10月24日华尔街股市遭遇"黑色星期四"，美国金融危机转为世界经济大萧条。2008年9月16日雷曼兄弟公司破产，次贷危机蔓延为全球金融风暴。

一部小说与两次世界经济危机之间的蝴蝶效应，足以证明《蟹工船》对于资本主义制度的剖析和诅咒有多么强劲的穿透力，不然，当年作者何罪至死？今天作品何以热卖？

在席卷全球的金融风暴中，要警惕风雨飘摇的"蟹工船"驶进我们平静的港湾。

序　言

　　中日两国，一衣带水，世代友好，漫天飞舞的樱花、好吃好看的寿司、精致诱人的电子游戏"超级玛丽"、搞笑乐观的电视卡通"机器娃娃"……还有美丽的日本列岛上生活的那些勤劳勇敢善良的人们，这一切的一切，都是那样的美好和幸福，那样的令人憧憬和热爱！

　　但是，当金融僭主那只看不见的手，慢慢伸进了日本历史的时候，一切曾经的美好突然发生了变化，风云骤变，山河失色，金融战役又是如何改变了日本美好的进程呢？

　　日本央行和日元，是"国际债权人家族"的私产，这是真的吗？

　　日本历史上有过几个"独立央行"，都为哪些世袭股东秘密拥有？

　　中止了日本战国时代的"明治维新"，与共济会有什么关系？

　　日本到底有几个财阀？是日本民族资本，还是"外国企业"？

　　为什么说：从来就没有日本财阀，只有"在日本"的财阀？

　　为什么说：从来就没有三井财阀，只有日本第一央行？

　　为什么说：日本央行资本集团是"国际债权人家族"主导日本的金融战工具？

　　为什么说：所谓的"武士道思潮"是"舶来品"，是罗思柴尔德家族对日本发动的一场具有民族历史心理学特征的金融心理战？

　　罗思柴尔德家族如何秘密拥有了日本的一切实体经济的所有权？

　　19世纪出现于欧美的高校罗素体系，又称"常春藤体系"与罗思柴尔德家族发动日本金融战役，有什么历史渊源？

　　"明治维新"以后，日本的一切国家军事工业，几乎是无偿交到了"国际债权人"手中，这又是如何发生的？

　　为什么被华尔街媒体奉为"世界第一债权国"的日本却负债累累，负债是产值的两倍，日本财政已近破产，预算50%依靠"新债"，这又是如何发生的？

　　"明治维新"后，"强国"日本为何百年后负债超过产值？

　　日本"传统武士道"与"近代武士道"有什么不同？

　　有关这一切，请慢慢打开本书，走入这真实又诡异的金融战迷雾，请您赏读——**财阀的魔杖**！

目 录

第一章 熟悉而又陌生的国家——日本

一、历史的迷思：真实是历史与修史者的价值（1）
二、《日本书纪》和《古事记》给出的日本古代史（2）
三、日本六国史的真伪和日本国实际的历史从何开始（5）
四、日本历史的百花园（12）

第二章 "国际债权人"集团控制日本金融决战

一、日本萨摩（鹿儿岛）武士集团和欧洲"耶稣会"（21）
二、萨摩武士集团与欧美银行家集团的"对手戏"（34）

第三章 金融决战前的"人脉"布局

一、欧美金融资本的金融战策略——高端主导（39）
二、萨摩武士集团的"英雄谱"（41）

第四章 高端主导策略的全面胜利

一、福泽谕吉之论、夏目漱石其人、木户孝允之死（57）
二、央行金融战役序曲的历史意义（79）

第五章 "日本"财阀体制的形成（上）

一、日本央行体制的建立与日本央行第一任行长吉原重俊（80）
二、日本央行战役（1882）（85）

第六章 "日本"财阀体制的形成（下）

一、日本央行战役第四阶段——"独立央行"的建立（97）
二、"孝明"之智、"明治"之艰、"大正"之谋、"昭和"之谜（108）
三、日本央行体制和日本财阀体制（114）

第七章 财阀头上的"魔杖"、授人以缰的"强国"

一、日本五大财阀的起源之谜（117）
二、日本央行财阀体制的金融战实质与战役特征简述（135）

第八章 日本金融战役史总结：警讯千年

一、央行财阀资本集团的危害和金融战价值的简述（139）
二、热闹的时刻，破产的前夕（143）
三、"弥天大谎与历史真相"——"日本是世界最大的债权国"（145）
四、日本金融战役的历史微澜（150）

第九章 美丽的日本列岛、褪色的战役历史

一、荒谬的极右势力与荒谬的央行财阀资本集团之间的几次较量（160）
二、日本趣事（170）

后记（181）

第一章

熟悉而又陌生国家——日本

一、历史的迷思：真实是历史与修史者的价值

在《金融刺客·世界金融战役史》的写作过程中，最难的莫过于"真实"二字，一方面，自己的水平不够，自会偏离历史的真实（自己都不知道，笔下之"史"和文学的界限消失了）；另一方面，全世界只有中国有完整的、可信的文字和文物史，且相互印证，并且有史德和修史的传统。比如，二十四史从《史记》开始，但这是官方通史，更早的系统的官方记录和地方史[比如孔子的《春秋》，因为公元前498年，他做周朝诸侯国鲁国的司寇，实际还"代理宰相"（"摄相事"），故孔子修了一个鲁国的断代史，但内容比较广泛，故此不完全是"地方史"]，鼎文、甲骨文的文字记录更可追溯到7000多年以前。可是西欧（不包括古罗马和古希腊）、中东则几乎很难找到1000年以前的文字记录，2000年以前的几乎可以忽略不记，并且大量所谓的"欧洲历史"或"中东历史"都没有任何可以出土的文物佐证。

古埃及遗留下来的古文字档案也几乎没有，古印度几乎是一片空白，但是，古埃及和古印度的文明，都有大量出土文物可以做实物佐证，这充分说明了文明的渊源和发展，这和中东的，毫无古建筑、古文物佐证的"神话历史"截然不同，且从侧面说明：真正存在过的历史，必然有大量文物出土，即便文字腐烂了，但文物会在。

在进入日本金融战役史前，笔者就感觉很头疼，因为日本早期的历史几乎全是后人追叙的"有绚丽神话色彩的历史记录"，"文字记录"都出现在7世纪末、8世纪初，且用中文书写，其所描述的"日本早期古代史"缺乏系统的文物佐证（如果有些神话也可称为"历史"的话）。如果书籍出自当时，记录当时，其本身就是文物，如果文字出自某个历史时期，记录以前的历史，则一般会找到大量文献和文物记录，可日本的情况，举世无

财阀的魔杖——日本金融战役史

双,"早期历史"一片空白。日本古代史,大部出自《日本书纪》和《古事记》(二者神话色彩又很浓厚,给研究带来了一些难题),故此日本金融战役史必须要有的一个日本历史的介绍,可能与"日本史"不一样,因为这里只想给读者一个真实的日本金融战役史,神话不是本书涉及的范畴。

正是因为日本的历史记录有如此的特殊性,故此必须捋出一个日本史的真实脉络,才能很容易地了解日本金融战役史的真实过程,并且理解日本为什么会在近代被跨国金融资本主导,成为一个看起来很美的、高物价樊篱内、高汇率祭台上的国家。

二、《日本书纪》和《古事记》给出的日本古代史

(一)六国史

根据日本最早的史书,史称"六国史"(720~901),包括:《日本书纪》(约720年),此后5本成书约为797年~901年。《续日本纪》、《日本后纪》、《续日本后纪》、《日本文德天皇实录》、《日本三代实录》记载,和民族(即"大和民族")是天照大神的子民,日本第一代天皇是"神武天皇",据传从公元前660年1月1日至今日本明仁天皇,"万世一系"已经有约125任,这个数字有争议,因为日本也有"南北朝"和"追认"的问题,大致如此。

神武天皇一般认为是"天照大神"的后裔,说法不一。日本学界认为,"天照大神"(女性)是伊奘诺尊(兄)和伊奘冉尊(妹)的女儿,"伊奘兄妹"则是"神"派到日本岛的始祖。他们也是神,可能是坐船从天上来,兄妹就结婚了,然后生子。妹妹后被烧死或是难产而死,在神话中也是一回事,生了火神而死,哥哥还爱恋不已,非要看"死后容貌",实际可能是尸体外观还行,一触即烂,哥哥后来不得不进行"修禊",也就是把衣服都扔了,还使劲地洗澡,除去污秽。结果就哥哥很厌恶,妹妹的灵魂就和哥哥闹翻了,双方从此断交。这里需要说明的是:这是日本正史记载的文字,这里不去考证哪些是神话,哪些是历史,这不是本书的主要内容,仅如实介绍给尊敬的读者。

天照大神后来与兄弟素盏呜尊结成政治联盟,然后自己扶养5个男孩天忍穗耳尊、天穗日命、天津彦根命、活津彦根命、熊野豫樟日命,3个女孩跟着父亲素盏呜尊,后来素盏呜尊就把3个女儿田心姬湍、湍姬、市

第一章 熟悉而又陌生的国家——日本

杵岛姬都"收房"了。问题是,素盏呜尊从此不理政务,把天照大神气走了,跑到一个山洞居住,最后素盏呜尊被剃了头、揭下指甲,由此可见积怨很深。他被然后轰走后,又跑到另外一个地方开辟了一个新领地,叫"出云国",日本学者认为是今天的"岛根县的东部"。仔细算来,日本第一个天皇——神武天皇是天照大神与兄弟素盏呜尊的"来孙"(也就是孙子的孙子的儿子),伊奘诺尊(兄)和伊奘冉尊(妹)的"外昆(kūn,发音为'昆',古代意同)孙",也就是外孙子的孙子的孙子。

图片说明:日本六史有关"日本天皇"的来历。

左1为日本学界认为的日本始祖,伊奘诺尊和伊奘冉尊兄妹,也是夫妇,到天照大神(日本神道的始祖,女),然后到六国史记载的第一个日本天皇——神武天皇夫妇(能看出也是近亲结婚)的家族系谱。

左2为伊奘诺尊和伊奘冉尊兄妹,也是夫妇,据说他们是日本的第一代居民,日本画家小林永濯笔在1885年绘制。

右上为日本神道的始祖,天照大神。

右下为日本六史记载的第一任天皇——神武天皇,日本明治时期(1868~1912)的版画。

（二）日本史

旧石器时代	前35000~前14000
绳文时代	前14000~前400
弥生时代	前400~前250
古坟时代	250~538
飞鸟时代	538~710
奈良时代	710~794
平安时代	794~1185
镰仓时代	1185~1333
建武新政	1333~1336
室町时代	1336~1573
南北朝时代	1336~1392
战国时代*	
安土桃山时代	1573~1603
江户时代	1603~1868
明治时代	1868~1912
大正时代	1912~1926
昭和时代	1926~1989
平成时期	1989~今

日本战国时代并不是一个严格的说法，这与中国的战国时代不同。笔者为了让日本史得以衔接，采用了如下起止时间。足利义满（1358~1408），也就是京都室町幕府第三任大将军，同时也是我国明朝正式册封的"日本国王"，在1392年表面上结束了日本南北朝，实际巨大的政治矛盾却暗中激化了，战争不断，故把此作为"日本战国时期"的开始。1573年，新兴的织田信长、丰臣秀吉等武装集团放逐了足利义昭，结束了室町幕府。

此种划分，仅为笔者为了让读者一目了然，并不涉及日本史"战国时代"的常规历史划分，因为对此日本史学界有不同的划分。古代日本一直战乱不休，实际一直延续到江户幕府结束，明治维新开始，故很难说到此"战国时代就结束"了，还处于一个实际的军阀时期，"西南战争"以后才逐步稳定。

三、日本六国史的真伪和日本国实际的历史从何开始

(一) 日本六国史的记载可信吗？

日本的历史，实际由 3 本书的内容奠定，《日本书纪》，约 720 年成书，中文，可能为舍人亲王等组织编纂，无确切记录，但属于日本第一正史。《古事记》(711.9.18～712.1.28，太安万侣，汉文)、《古风土记》(713～737) 日本"元明天皇"下令编纂，可能也是汉文写成，因为目前流传的是后人根据稍后的古人回忆记录的残片恢复而成，原书可能毁于战火，如果存在，那是很宝贵的。这种"记忆残片"也极高的历史价值，原书据传有几十个国家的风土人情，可见那时日本还没有统一，大致为：山城国、大和国、近江国、摄津国、河内国、和泉国、纪伊国、伊贺国、伊势国、志摩国、尾张国、骏河国、伊豆国、甲斐国、相模国、下总国、上总国、常陆国、近江国、美浓国、飞騨国、信浓国、陆奥国、若狭国、越前国、越后国、丹后国、因幡国、伯耆国、出云国、石见国、播磨国、美作国、备前国、备中国、备后国、淡路国、阿波国、讃岐国、伊予国、土佐国、筑前国、筑后国、豊前国、豊后国、肥前国、肥后国、日向国、大隅国、萨摩国、壹岐国、对马国，由于里面有诸如"北海道"的字样，就被解释为藩国，实际没有任何文物佐证。

由于日本战乱频繁，没有修史的中央机构和传统，故此这 3 本书很重要。《风土记》有时还不包括在日本六史当中，因为很难考证传下的不同残片的真伪和时代，《古事记》的一些考证，日本史学界有争议，但基本都承认其说法，"天皇家谱"来源于此，属于日本正史，也奠定了近代日本史学界有关日本"天皇"、"古代史"、"日本神道"等的研究，没有其他任何可以考证的文献和书籍，甚至都不能绝对肯定这些就是日本人写的，因为不是用中国字表示的日本发音，而是用典型的中文写的，很多文字可能还不出于同一个时代，作者不同说法，并且都出在 8 世纪以后，甚至"一些整理和删改"就更晚了。

这里举几个例子：

1. 日本六国史之首，正史《日本书纪》的里面有这样一段话（原文如此，不是翻译）："天照大神之孙琼琼杵尊下凡于九洲日向的高千穂山峰，与木花开耶姬生了火降芹命、火明命和彦火火出见尊。其中彦火火出见尊娶海神之女丰玉姬，生了鸬鹚草葺不合命，然后鸬鹚草葺不合命又与玉依

姬命生了五瀬命、稲冰命、御毛沼命、若御毛沼命，其中若御毛沼命即日后的神日本磐余彦。"《古事记》有类似的文字，不好说谁用了谁的，不过"神武天皇"改称"神倭伊波礼毗古命"，注意"神倭"二字，这个"倭"不是日本历史的产物，是239年曹魏赐予的封号"倭王金印"的"倭王"封号，故此《日本书纪》"神日本"与《古事记》中的"神倭"意同，无贬义，故"神武天皇"可能不是公元前的人，而是239年以后的人。

这就是日本有关第一代"天皇"——"神武天皇"的历史来源，"神日本磐余彦"是一种对"神武天皇"的古书尊称。"神武天皇"据日本历史学家研究认为是"公元前660.1.1～前585.3.11"的人，看似清清楚楚，实际考证不易，主要根据《古事记》里面（"帝纪"，1～33代"天皇"的说法，已经到了7世纪）各种说法的推测，而《古事记》本身，日本史学界也有解释性的争议，但却"不怀疑"里面的记录（因为其与《日本书纪》相互印证，大同小异），问题还在于如果不承认《古事记》本身，日本历史就从8世纪开始了，这是日本史学界的一个难题。

2.《日本书纪》

图片说明：这是日本最早的历史文献，也是日本正史之首，《日本书纪》的抄件。文中有外交、造船、时间等，都是今天可以轻易看懂的中文，比古文还要浅显，更类似于后期的"半白话古文"，而不是宋以前的古文奏章，那时以艰深、用典、晦涩为荣，以此蓄意形成一个保护士大夫特权的认知屏障，故此出自8世纪比较可信。

(二) 日本六国史可信，但要有客观的史观

1. 可信的理由

有人曾在日本学校就读（第二次世界大战期间），日本校长每每纪念"神武天皇"距今多少多少年，就很激动，那时说法比目前日本史学界公元前660年的说法，还要"更有勇气"，据他的回忆说：这位日本校长之所以纪念"神武天皇2600年"，属于政治活动，不是一般的历史纪念。

日本的六国史，部分属于"良史"，部分属于神话，有很多难以考证的"神话历史"，但是六国史整体可信，因为全世界只有中国有系统的历史记录，并有一种独特的**史德**（比如：《三国志》陈寿的父亲陈式被丞相诸葛亮杀了，但他在历史评价上，还很公允）和**春秋笔法**（就是局限于政治压力可以任意褒贬，但把历史事件记录下来，让后人评说，这是孔子创始的一个写史策略）。故此，我们不能用中国的标准和条件去要求世界其他国家的历史，日本六国史有神话的成分，但比中东、欧洲一些国家和民族的纯神话史，那要可靠多了。

2. "日本始祖"与"日本天皇"的六国史正解

日本崇拜"天照大神"，并认为"天皇"是"天照大神"的象征，这个宗教史称"日本神道教"，所以"天皇体制"是政教合一。

中国二十四史之前四史《三国志》（陈寿，233~297年，约290年前后成书）有一个重要的历史记载，详细记录了日本列岛的各种情况，《三国志》惜字如金，如此多的记录难能可贵，是中日文化交流的一笔宝贵的财富，也是日本历史的真实且无比宝贵的记录，这时日本还没有任何文字记录，一片空白。《三国志》里面的"魏书"（也称"魏志"）中，有"乌丸鲜卑东夷传"的内容，后人把其中有关日本的部分（约1988个字）统称《三国志·倭人传》（此处无贬义）：

倭人在带方东南大海之中，依山岛为国邑。旧百餘国，汉时有朝见者，今使译所通三十国。……**南至邪马壹国，女王之所都**……次有斯马国，次有已百支国，次有伊邪国，次有都支国，次有弥奴国，次有好古都国，次有不呼国，次有姐奴国，次有对苏国，次有苏奴国，次有呼邑国，次有华奴苏奴国，次有鬼国，次有为吾国，次有鬼奴国，次有邪马国，次有躬臣国，次有巴利国，次有支惟国，次有乌奴国，次有奴国，**此女王境界所尽**。其南有狗奴国，男子为王，其官有狗古智卑狗，不属女王。自郡至女王国

万二千馀里。倭国乱，相攻伐历年，乃共立一女子为王，**名曰卑弥呼，事鬼道，能惑众**，年已长大，无夫婿，有男弟佐治国。自为王以来，少有见者。以婢千人自侍，唯有男子一人给饮食，传辞出入。居处宫室楼观，城栅严设，常有人持兵守卫……王遣景初二年六月，倭女王遣大夫难升米等诣郡，求诣天子朝献，太守刘夏遣吏将送诣京都。其年十二月，诏书报倭女王曰：制诏亲魏倭王卑弥呼：带方太守刘夏遣使送汝大夫难升米、次使都市牛利奉汝所献男生口四人，女生口六人、班布二匹二丈，以到。汝所在逾远，乃遣使贡献，是汝之忠孝，我甚哀汝。**今以汝为亲魏倭王，假金印紫绶**，装封付带方太守假授汝。……梯俊正治元年，太守弓遵遣建中校尉梯俊等奉书印绶诣倭国，拜假倭王，并赍诏赐金、帛、锦罽、刀、镜、采物，**倭王因使上表答谢恩诏**。其四年，倭王复遣使大夫伊声耆、掖邪狗等八人，上献生口、倭锦、绛青缣、绵衣、帛布、丹木、犴付、短弓矢。掖邪狗等壹拜率善中郎将印绶。其六年，诏赐倭难升米黄幢，付郡假授。其八年，太守王颀到官。**倭女王卑弥呼与狗奴国男王卑弥弓呼素不和**，遣倭载斯、乌越等诣郡说相攻击状。遣塞曹掾史张政等因赍诏书、黄幢，拜假难升米为檄告喻之。**卑弥呼以死，大作冢**，径百馀步，徇葬者奴婢百馀人。**更立男王，国中不服，更相诛杀**，当时杀千馀人。复立卑弥呼宗女壹与，年十三为王，国中遂定。政等以檄告喻壹与，壹与遣倭大夫率善中郎将掖邪狗等二十人送政等还，因诣台，献上男女生口三十人，贡白珠五千，孔青大句珠二枚，异文杂锦二十四。

"亲魏倭王"是一个封号，授予日本列岛几十个小国中的一个叫"**卑弥呼**"的"**邪马壹（台）国**"女王，其人"**事鬼道，能惑众**"，两国有很多外交往来和风土记录，但"**女王境界所尽**"，也就是这女王国土不小，但好多国家并不是她的领土，相互还有残酷的征伐，也就是战乱不断，女王国内也不稳定，她死后相互争权夺势，死了很多人。

"神武天皇"不论在日本《旧事记》，还是日本六史之首《日本书纪》都有"倭国"之说，《旧事记》里面的"神武天皇"的姓名就是"**神倭伊波礼毗古命**"。因为日本早期没有姓氏，武士的"源"，"天皇"的"神倭"都是官称，至今日本"天皇"为了表示特殊，还没有姓氏，故此"天照大神"很有可能就是奠定了日本国基础的女王"**卑弥呼**"的弟弟，这是真正管理政务的首脑，"卑弥呼"类似于"精神领袖"。"**卑弥呼**"是一个很有才干的女政治家，她通过"**事鬼道**"，让臣民更加忠诚，这应该就是日本神道信仰

第一章 熟悉而又陌生的国家——日本

开始。故此，日本六史记载的早期"天照大神"的家谱，抛开神话的色彩和一些原因，造成的时间"误解、误记、误读"，整体可信，至少部分反映了日本统一的过程。

考虑到"更立男王，国中不服，更相诛杀，当时杀千馀人"，则反映了某种母系社会残余的瓦解，这就和后期日本社会强烈的男权思想有着尖锐的反差，故此日本3~7世纪的战争，更类似于部落争霸，而不是诸侯之争，因为根本就没有"诸侯和王"，这都是8世纪，甚至更晚才编纂的历史，免不了有一些出入和文饰。

这里有一个问题，到《日本书纪》等日本史书出现之时，有将近四十几个"天皇"，这些人存在吗？究竟这些人是否是"天皇"，也就是不管他们是统一了日本的国君，还是一个小国的国王，单就是否存在而言，日本史学界可以考证的最早一个是"应神天皇"（207~310），而"倭王·**卑弥呼**"（158~248）与此时间大致相仿，统一、管理和征伐的是她的弟弟，这有中国正史佐证，当时日本还没有统一或者说正处于藩国战争的状态。有一种说法，这里权作参考：大约在247年3月24日、248年9月5日，日本有可以感受到的日食，《三国志》也记载她去世时，发生了大动乱。《日本书纪》则记载"祖先"躲到山洞里后，天地就暗了，后来就杀伐四起（当然是神话的解释），但从"倭王"、"天暗"、"动乱"等名词和天文迹象来看，综合中日历史文献，"亲魏（女）倭王·**卑弥呼**"就是"天照大神"姐姐的**可能性**很大。在此之前的"15位天皇"，可能为追谥等原因，具体考证，与本书关系不大。

因为，日本史书有过改动，比如日本7世纪（具体不详，据传在701年颁布，现已亡佚不可查）的"大宝令"和后期的一些法令，就规定要把以前书籍中的"王"一类改称"天皇"。此前日本可能统一，也可能没统一，至少"藩王很多"、"功臣、权臣"都多，真正的"王"可能这时才出现，至少大致可以确定的是，日本"孝德天皇"（629~554）之前"天皇"还不是日本史书记录用的称谓，否则就无后来"大宝令"的统一修订。日本史书的有关记载，后来改动以示尊称的情况，也就不会出现，具体如何，有待考证和古籍出土。"孝德天皇"时期，已经有了全国性影响，天皇体制树立了起来。

日本古代金融战役史，最早从"大化革新"开始；日本近代金融战役，从"明治维新"开始。这里有一个常见的"误解"，"孝德天皇"也就是所

谓的日本两个革新中的第一次"大化革新"(约开始于645年),第二次就是"明治维新"(19世纪中末期)。所谓的"大化革新",与其说是一次"革新",不如说是一次"统一",比"革新"的影响要深远得多,但说"革新"的目的在于不愿意说"日本统一的历史"怎么7世纪才开始呀?实际上,可能要早,也可能还要晚,即大约在8世纪才基本完成,但战乱不断,属于武力统一,文化认同、体系建设,尚有不少问题,可能要到日本战国时代以后,才彻底完成了日本领土、文化和思想的统一,甚至可以到"明治维新"才算彻底完成。当然,从日本神道信仰来说,会有不同的看法,这无所谓对错,但本书的不涉及宗教范畴。

(三) 日本文字背后的统治策略与帝王心术

在封建社会,不论是欧洲、日本,还是中国、韩国,都不约而同地采用了一种统治策略——愚民,这里对比一下不同。

1. 中国

(1) 繁复文字的意义

主要是采用异常繁复的繁体字和行文规范,要求用"文言文",还不加标点,实际上古人并不那么说话,也有起伏停顿,而且要求用典故、有韵律,有时候甚至要求用"词牌",当然这个比较特殊。以此,让老百姓在诉讼、公文、学习上,看不懂、听不懂,士大夫阶层把持国家行政特权和免除监督的奥妙就在于复杂和深奥的繁体字,乐此不疲。

事实上,普通老百姓没有时间、金钱和精力去长时间学习繁体字,因为不识字而备受愚弄和欺凌达几千年之久。直到新中国推出了简化字,才不用消耗大量时间去学习写字、认字,孔乙己茴香豆"茴"的四种写法,才退出了历史舞台,躲到了一个阴暗的角落。

(2) 中国与中文

本书有些地方用了"汉文",也有些地方用中文。中国这个概念出现之后,中文就随着出现了。《诗经·民劳》:"中国,京师也"。这里的"京师"不是首都,而是天子直辖封地。《史记·武帝本纪》:"天下名山八,而三在蛮夷,五在中国",这就明确地提出了中国的概念,而不仅是"天子直辖地区"了,由此可以看出中国之称的演变。1995年,新疆——原汉朝西域都护府辖制的诸侯国"精绝国"所在,出土了"**五星出东方利中国**"的祈福织锦,精美绝伦。日本高僧小岛康誉这样评价说:"中国当时处于东汉末年,

国力日竭,当地陷于军阀混战之中,而'五星出东方利中国'的织锦则透出当时人们祈盼和平,心归中国的历史事实。中华几千年的文明延续至今,最重要的原因是中国人心向和平,期盼统一。"(参考文献:日本高僧称要把骨灰埋在新疆塔克拉玛干沙漠.人民网刊载:http://cq.people.com.cn/News/200999/20099920117.htm)

2. 欧洲

欧洲很绝,银行家建立了大学,然后搞了一套古拉丁语,还不是真正古代的拉丁语,而是几套相互不同的"拉丁语",然后在医疗、司法、金融、财务、契约等领域广泛使用,专门坑害欧洲百姓,至今如此。

例如,在克林顿-莱温斯基案件的审判过程中,法官和律师们故意说拉丁语词汇,莱温斯基作证时,根本听不懂,被故意嘲笑,实际是一个古老的、不公正的统治骗局。

3. 韩国和日本

这两个国家很近,都是中国的好邻居,两国都曾广泛使用中文。有些人误以为韩国和日本统治者发明拼音文字,包括韩文和日文,是为了促进本民族文化发展,至少是树立民族文化,实际不是这样,仅是历史老人开的一个玩笑。现代的朝鲜文字与古文字(为了区别写作"諺文",即"朝文")有很大区别,朝鲜半岛在古代广泛使用汉文,一些独有词句就用"諺文",也就是用中国字写一些音,实际上也还是中文,日本类似的情况就是"万叶假名"。故有"万叶假名"的《古事记》等日本史,很可能稍晚,不是传说中的8世纪成书,或是对8世纪《古事记》的"补遗"、"修残"。

朝鲜李氏王朝(1392~1910年)第四代君主世宗国王李祹(也称"世宗大王",1418~1450)是个很懂帝王心术的封建统治者,他就颁布了《训民正音》(约1443年颁布),独创了一种拼音韩文,也就是目前的朝鲜文字。但是,朝鲜上层和国王都用中文,但让老百姓用,姓名无法准确界定,很多文字表示的汉字读音没了汉字看不懂,留下了很多隐患,制约了人民参与国家事务的能力。后来,因为易学易用,故此得以迅速流传,巩固了朝鲜王权统治,反而把不容易记写的中文给替代了(因为老百姓人多)。一些大臣感觉这会打破士大夫阶层的文化壁垒,曾经坚决反对。

根据《世宗实录·卷103·世宗26年2月庚子条》记载了集贤殿副提学崔万理的反对奏章:"自古九州之内,风土虽异,未有因方言而别为文字者。唯蒙古、西夏、女真、日本、西番之类,各有其字。是皆夷狄事耳。

财阀的魔杖——日本金融战役史

无足道者……历代中国皆以我国有箕子遗风，文物礼乐，比拟中华。今别作谚文，舍中国而自同于夷狄，是所谓弃苏合之香，而取螳螂之丸也；岂非文明之累哉？"这段话，不仅反映了当时李祹的文字创新并不是抛弃中文（奏章，朝堂之上就用中文），而是试图"巩固统治"。

日本早期所谓的"万叶假名"，约出现于8世纪，逐步成熟于8～15世纪，有一个演化过程，开始就是用中文标注一些特殊读音，后来演变出相对标准和固定的"片假名"（"50音图"，日文符号）和"平假名"（类似于汉字草书），万叶假名也就"消失"了，演变成了目前的日本假名，后来日本近代又用西文字母拼成罗马读音，用作外来语，至今日文中的罗马字拼音常用于商业领域。日文拼音有易学优势，但也面临和韩文一样的窘境，有大量无法读懂的文字，必须用汉文"注写"，但又整体脱离了中文，结果现代韩文和日文使用空间趋窄，尤其是日本，随着人口出现负增长，海外移民逐渐忘记了日语，日语也逐渐"区域化"了，这种人为创立语言（不是自然语言）的普遍尴尬，不是偶然现象。

万叶假名，也就是假名拼音文字的出现，极大地巩固了王权，也反映了日本王权的成熟，普及时间可能大致相当于中国明朝时期，早期日本上层一直说汉文、写汉文，这没有什么奇怪，甚至明治维新（1868.10.23始）时期强迫日本中下层选一个姓氏的时候，人们还是用"汉文草书"（平假名），没有人用片假名，因为没有汉字无法确定准确的姓名和含义，比如"津"与"今"就不是一个意思，但读音一样。

四、日本历史的百花园

图片说明：日本存在石器时代的很多文物，来自日本史学界，有"石器之神"美誉的藤村新一的长期考古活动，他主持挖掘了很多年的"上高森遗址成了日本发掘旧

第一章 熟悉而又陌生的国家——日本

石器的聚宝盆。这 3 张是日本"每日新闻""考古现场"24 小时摄像机意外拍摄到的一段录像中的截图,时间大约是 2000 年 10 月 11 日凌晨 6 时,无人值守。左,为藤村新一拿出一个小塑料袋;中,为藤村新一把物品埋入土中;右,为藤村新一用脚踏实。这个所谓的"上高森遗址"当时挖出了 65 件"文物",他后来承认埋了 61 件,就给"上高森遗址"本身的考古价值蒙上了一层迷雾。

人们往往感觉对日本很熟悉,但实际却很陌生,了解一个全貌的不多,日本史系统出土文物和系统古籍档案的稀缺,也让日本史充满了神秘,甚至可能对一些不涉足日本史的日本朋友都是如此。日本金融战役史如果不先弄清日本史的真实脉络,不弄清几个历史界定,简单地人云亦云,就会面临一个"对着空气谈史"的现象,对这段物理时间内发生的金融战役的理解,就会无从谈起。故此,这里针对一些日本史的点给出一个梗概的轮廓,以便更好地回顾日本金融战役的历史。

(一)日本的石器时代

有关日本考古学者出现在照片中的事件,人民网刊载的一篇《环球时报》驻日本特约记者的文章有过如下评说:"日本有句流传已久的谚语叫'撒大谎莫撒小谎'。这句话在考古学家藤村新一身上再次得到验证。这位在日本被尊称为'石器之神'、拥有'魔手'称号、多次改写日本远古历史的考古专家,原来不止一次地伪造出土旧石器,以编造日本 70 万年前便有人居住的神话……**上高森遗址的发掘工作始于 1992 年 8 月,当时藤村参与了该遗址的调查,并发现了旧石器。从 1993 年 11 月起,藤村开始率调查团对遗址进行挖掘,当年就发现了号称 70 万年前的旧石器。此后,上高森遗址便成了日本发掘旧石器的聚宝盆,几乎每年都有新发现。1994 年出土了 50 万年前的石器 6 件;1995 年出土了 60 万年前的石器 15 件,1999 年又出土了 70 万年前的旧石器。藤村甚至扬言将以挖掘出的 100 万年前的旧石器作为礼物送给恩师,还说他有可能在日本找到原始人骨头。2000 年 11 月 4 日,当神采飞扬的藤村看到录像中自己的身影时,不禁呆住了。过了 10 分钟他才缓过神来,然后不得不承认这是一场骗局:在上高森遗址发掘的 65 件旧石器中有 61 件是他事先埋入土里的;今年早些时候在北海道发现的旧石器也全是假的。但接着,藤村又狡辩说,除此以外发现的旧石器都是真的。日本想当文明古国——日本文部省的调查很快便可以证实藤村以前的发现是否真实。**而稍有点常识的人都应该问一问,为什么迄今为止的旧石器发现都是藤村一个人发现的？做出这么大考古发现的人为什么连篇像样的研究报告都写不出来？为什么随随便便往土里埋块石头说是旧石器却没人怀疑？说到底，这是日本人的国民心理在作怪。六七十万年前就有人居住，这是何等辉煌的历史！足以和四大文明古国一较高低了。日本人的好胜心极其强烈，甚至到了偏执的地步。藤村的发现让日本人兴奋都来不及，哪里还会有人怀疑……1998年以后的日本中学历史课本上写着：'上高森遗址是日本迄今发现最早有人活动的地方'，'六七十万年前已经有人活动'，等等。札幌有一所中学的历史教师汤本说，他以前教课时告诉学生上高森遗址的历史比北京猿人早，说明亚洲大陆上的人可能是从日本迁移过去的。"（图文来源：管克江. 施展"魔手"自埋自挖·编造日本历史"神话"北京：环球时报. 2000,11,10·第2版，人民网：http://past.people.com.cn/GB/paper68/1923/309476.html）

（二）日本姓氏

一般来说，日本古代的没有姓氏，有些日本学者只认为古代老百姓没有姓氏，作为文化背景介绍，考虑到对日本历史的研究的意义，尤其影响了金融战役学中最为重要的人事研究和家族研究，故此稍微探讨一下。

人类文明史上，在姓氏的问题上，大约有三种情况：

1.有姓有名。比较典型的就是中华文明。

2.联名制。也就是实际"以父系名字为姓"，但无姓氏概念，比较典型的是中东阿拉伯文化。犹太人实际是犹太教从古宗教中分化出来后，信仰犹太教的闪米特人，故也是联名制，后来才有了姓氏，请参看"德国卷"。

3.无姓有名。比较典型的就是日本。这三种都是人类文明的产物，本来无所谓优劣，无所谓好坏，但日本自古崇尚中华文明，又没有彻底接受中华文明，独立的文明建立、完善之时，西方文化又强力介入，导致日本对中华文明，甚至包括朝鲜文化都产生了以"排斥形式"表现出来的崇拜，故此有些日本学者不愿意承认一个本来无所谓的事实——日本古代无姓氏。

1875年，也就是日本明治8年，"明治维新运动"开始后，日本政府颁布严厉的法令，强制推行姓名制度，也就是著名的《苗字必称令（1875）》，主要说的，实际就是一句话："**凡国民，必须起姓。**"由于日本老百姓感觉新奇，故此花样百出，目前姓氏超过13万，日本几次清理（一些实在"不雅"的姓氏），依然超过10万，为世界姓氏发展史上的一个奇观。日本古

代都没有姓氏，但大官、武士往往用官职、国名（日本大统一的形成较晚，藩国很多）或荣誉名（比如："源"，就是武士的一个荣誉姓氏，实际是个虚衔；比如："直"，经常是一些权贵的虚衔）当做姓氏，但这并不规范，是现在来解释古人行为的一种"错位理解"，实际那时姓氏概念可能没有出现，仅仅是写在书中，看起来很像姓氏。

例如，大将军足利义满，今天看起来，似乎姓"足利"，他与明朝签署《勘合贸易条约》并接受"日本王金印"的时候，给明朝皇帝的奏章署名："日本国王，臣源义满"，似乎他的名字是"源义满"。其实，这都是误解，"足利"实际是这一个家族的幕府的标志，大官僚、大武士家族，也有开始仿照此类标志，以显示家族地位，史称**苗字**，后期部分演化为姓氏，但当时类似于一种"身价"。他的名字就是"义满"，"源义满"是一种很复杂的说法：表明藩属明朝、接受册封，又是"日本天皇"的"忠臣"，不是乱臣，但又类似于有"日本皇亲"的上层武士。"日本天皇"有时赐皇亲或高级武士一个"虚衔"，"源"、"平"等，放在名字前面，很容易被后人看成是姓氏，后来可能部分演变为姓氏，问题是当时人们自己却不一定有姓氏的概念和需求。

（三）"武士"、"浪人"、"武士道"、"悟"、"觉悟"、"魂"、"死狂"

1. "武士"与"浪人"

亲魏倭王"卑弥呼"是一个神教的象征，死后有一个"政教合一"的斗争，死了很多人。到了"大化时期"（645～654 年）日本初步统一。这种统一政治棱角尚未打磨，缺乏自愿统一的愿望，结果就出现了中国古代曾有过的"君臣一日百斗"的现象，官僚集团就把"日本王"（天皇实际是 8 世纪才出现的称谓）捧为"神"，后又捧为"天皇"，实际是要送上一个无权的"佛龛"，然后由士大夫阶层执政。日本"天皇"就开始培养"武官集团"平衡"文官集团"，通过荣誉、金钱、封贵族等手段，建立忠于自己的武装。实际文官集团和地方门阀很难分清，也都不断豢养门客和武装人员，这是日本长期动荡的一个重要原因。可这种依靠金融力量豢养武装的方法，都是建立在唯利是图的基础上，无所谓对雇主的忠诚，只有对金钱的忠诚，"天皇"和"士大夫阶层"，以及士大夫阶层内部的不同门阀和派系，相互又不断玩弄着"鼓励忠诚"和"瓦解忠诚"的游戏，核心是金钱。

财阀的魔杖——日本金融战役史

结果就是，军阀化的武装集团出现了，战乱不断，农民流离失所，又给武装集团提供了"新生力量"，形成了长期影响日本的恶性循环。士大夫集团自称"士"，武装集团就自称"武士集团"，个人则自称武士。实际上，不论是强盗、罪犯、武官都可以自称武士，普通百姓"心里害怕，又很尊重"。武士，尤其是无主的"下等雇佣武士"实际上很难受，地位并不高，介乎于"官匪"之间，很难分得清。走单的武士，就被称作"浪人"，史称"牢人"、"无主浮浪"，在古代更类似于一个贬义词，日本老百姓和官员都很怕这些亡命的武装分子，可政治势力又不断注入资金，豢养和拉拢，这给战争注入了"动力"、给老百姓带来了无尽的苦难。

2.《叶隐闻书》与"武士道"的阴谋

武士集团相互征伐，崇尚"以下克上"（请注意，这与后来讲"忠"的武士文化截然不同），强者为王，杀恩人、杀雇主、杀上级，这些都被看成是武士道德，是强者的体现，背叛是一种技巧和策略，忠诚只是弱者对强者的绝对屈服，这就让早期的日本武士文化有了以强凌弱、嗜杀成性又谄媚无耻的特点，这与中国"侠"的概念截然不同。例如，日本第二次世界大战以后的系列武士电影的经典代表作《携子孤狼》，里面"真正的武士"，杀孩子、杀妇女、杀朋友、杀恩人、杀雇主、杀情人，却是一个日本武士文化的"正面人物"，博得故事中各阶层女性的爱恋，这就反映了一种独特的道德观。

楠木正成（1294～1336），是日本历史上第一个忠于"天皇"，讲求"忠"的武士。他就是一个地地道道的流寇，所以历史没有记载此人的出生年月（1294年为推测），可他特别能打仗，谁都打，"後（后）醍醐天皇"（1288～1339）就想利用此人，找到他，对他很"平等"。人就是如此，楠木正成感觉"天皇"对自己这样好，遂誓死报效。后来，"天皇"让楠木正成率领700人迎战2万敌军，楠木兄弟"毅然出战"，结果死于乱军之中，据说兄弟互刺。这种忠诚，在几百年后被奉为"军神"，就是武士对"天皇"命令的绝对服从。可在楠木同期，不能说独此一人，但并不常见，当时武士讲求"以下克上"，楠木兄弟讲"非礼法权天"，就是"错不胜理，理不及法，法不管权门，权门听命天子"，也就是"天皇"高于"对错、法律、门阀"，由此可见不同。武士繁荣于战国时期，江户时代就开始衰落了，明治维新时期的"废刀令"（1876.3.28）实际上废除了武士阶层。

关于日本战国时代，日本学界有时会把江户时代（1603～1867年），

第一章 熟悉而又陌生的国家——日本

即"德川江户幕府时代",也就是"征夷大将军"、"挟天皇令诸侯"的时期划入其中,是有一定道理的,因为这是战乱频繁的时期,江户时代则是武士体制"成熟到腐烂"的时期。到了江户时代末期,日本武士多达700万人,还不包括家属和仆人及商人、士大夫阶层,武士人口占日本当时人口的7%(参考文献:查尔斯·杜恩著.日本传统社会的每一天.日本东京:Charles.E.Tuttle Company 出版.1969),已经严重影响了日本社会的正常运行。因为成年健康劳动力一般占社会总人口的40%,仅算男性还少于这个数字,即 20%,日本农民负担之重,可见一斑,这是长期战乱导致的畸形体制。故德川幕府1867年结束,1876年就实际废除了武士,后又实行了农民、商人、武士、手工业者平等的法律,即"四民平等令"。

但是,跨国金融资本必须首先从精神上摧毁武士阶层,消灭这个与士大夫阶层结合的暴力机器。这里有一点很耐人寻味,武士阶层固然有很多问题,但也是战乱时代的受害者,他们的抢劫、滥杀和以下克上的道德特征都是乱世的产物,如同狼吃肉一样,恶固然恶,但无所谓邪恶。这是在日本统一过程中一种激烈的物理碰撞,是暴力,也是悲剧,有着深刻和复杂的历史背景。后人不能坐而论道,简单地批评那些失地的日本农民为了一个饭团,就相互残杀的恶行——这就是日本传统的武士精神,可以看成"传统武士道",但"武士道"这个词,却是18世纪的产物。

18世纪诞生、19世纪"蓬勃发展"的所谓的近代"武士道",则是恶意地诱导人去犯罪,诱导人进入一种带有鲜明的偏执和暴力精神疾病特征的亚健康心理状态,这是人性邪恶的体现,是真正的恶,是罪恶,戕害了日本的武士精神,用外似张狂的"武士道",秘密而巧妙地阉割了日本民族的尚武精神和独立意识,推行一种自我奴化、自我矮化、自我毁灭的盲从弱势文化和潜意识自毁思潮,破坏日本民族战略决策的稳定性、可靠性和可执行性,是有针对性的"舶来品",而不是日本本土的产物。故此日本本土有着深厚的"传统武士道",但与18世纪逐渐兴起的"舶来武士道"有着本质的不同。所谓的日本四书《菊与刀》、《武士道》、《日本论》、《日本人》,不是武士道的理论。18世纪,日本武士阶层逐渐消亡之时,才突然出现了一本来源神秘的书籍《叶隐闻书》,明确提出了"武士道",目的只有一个:摧毁和控制日本,是日本金融战役的序曲,是一曲人性的挽歌。

为了给这个转变做准备,"有些人"推出了一本书——《叶隐闻书》(参考文献:(日)山本常朝(口述),(日)田代阵基(整理),李冬君译.叶隐

财阀的魔杖——日本金融战役史

闻书.桂林：广西师范大学出版社.2007)，据说是1716年，江户时代的佐贺藩主锅岛光茂，他的一个侍臣山本常朝口述，后由一个武士田代阵基用了7年的时间整理而成，完全模仿论语，故也称《叶隐论语》。这本书是武士道的理论书籍，是唯一可以真实反映所谓的"近代武士道"实质的"书籍"。笔者一直怀疑这本书是否是18世纪的产物，更像是19世纪伪托或改动的产物，但纯属猜测。这本书对日本民族的精神毒害是巨大的，阻碍了日本民族的发展与进步，泯灭了日本传统的武士道精神，塑造了一种"新武士道"文化。

3. 从精神病学的角度，简析武士道盛典——《叶隐闻书》

山本常朝，或者是某个作者，都是出于纯粹的恶意，为了瓦解日本武士精神，蓄意把武士精神引向邪路，让武士的战乱文化，演变为一种畸形、邪恶、偏执、病态、罪恶的文化。该书作者故意对剥皮、揭指甲、剖开脊髓倒油、切断筋骨等各种变态的行为大加赞赏；故意对于"莽撞"大加赞赏，却对"构筑幸福生活"、"实现美好人生"予以坚决否定，故意把受教育水平不高的武士引上一条精神的不归路。

图片说明：日本武士。

上左是江户时代末期（1860年，也可以算作是日本战国末期）的一个武士。长刀

第一章 熟悉而又陌生的国家——日本

是作战用，短刀"胁差"有时也被叫"介错"，也就是用来割开自己肚子时用的，但实际也指在切腹后，委托一个砍下痛苦而未死之人头颅的人，很多时候就是用扇子或一些器具做个样子，然后就砍头了，实际上都是无可奈何，与后期"武士道"的概念不一样，即"介错"或"介错人"。实际很少自己用刀切，因为很疼，而是让"介错"人用刀砍头，战败时这样自杀，比割破肚子或喉咙，要少一些疼痛，可能认为头没了就不疼了，实际不是这样，图片却来自英国，而不是日本。

上右是日本女性的标准切腹方式，唯一不同的是自己把腿捆好，以免四下翻滚，死相难看。这是 1848 年，歌川国芳（1798~1861）绘制的"赤穗浪士之一斧寺重内的妻子剖腹自杀想象图"（《诚忠义信传（1848）》抄绘本）。

下图是一个等待主人下令切腹的武士。这是 1867 年，受雇（时间根据 1867 年 1 月 29 日苏尔维给埃德蒙德的信件计算）于犹太银行家、大出版商埃德蒙德（Edmund）的英国海军上尉苏尔维（J.M.W.SILVER）绘制的《日本习俗素描（Sketches of Japanese Manners and Customs）》，这本画册 1867 年在英国伦敦套印[目前再印摘录版本：（英）苏尔维绘制.日本习俗素描.美国：Public Domain Books 电子版发行.2004]。

（1）该作者故意杜撰一个围绕妓女而群殴，然后导致 12 人死亡的事件，得出一个武士法则——"不顾前后的莽撞，不考虑胜负，无二无三一念狂死"，这是什么"道德"？这是在蓄意摧毁和消灭武士阶层。

问题是：这些都是 19 世纪的产物，都是通过伦敦金融城的犹太银行家控制的英国出版公司或媒体逆向输入日本的"武士概念"，并不是日本战国时代的产物，日本所谓的"武士道军神"楠木兄弟是死于乱军，也说是互刺，武士时代的鼎盛时期，却没有切腹传统，恰恰是到了战国时代末期的江户幕府时代的晚期，也就是 18 世纪末 19 世纪初，凭空出现了一种"切腹文化"，由于泛滥于武士阶层灭亡之后（"明治维新"之后），不是一种偶然的历史现象，有着深刻和复杂的外国背景。早期用来防身的短刀也成了切腹的"介错"，很多人，甚至今天的日本人，都不理解，不知道这是一场赤裸裸的、针对日本的民族历史心理学的骗局和金融心理战，后果严重，影响深远。

（2）《叶隐闻书》的"作者"极度恶意地在开篇，就提出了一个"武士道"的定义（也就是发明了"武士道"这个词汇，此前没有武士道一说）——"武士道就是选择死亡，或生或死，选择哪一个？首先取死。"这是一种毫无逻辑，毫无意义，为了死亡而死亡的自毁，既不是为了一个崇高的目的去牺牲，也不是为了生存而搏杀，只是为了死而死，并且提出"无

念即正念"，去追求"**死狂**"（就是什么都不想而一心求死的心理状态），就是不提倡思考，"不思考就是对了"。所谓的"**魂**"（也就是"侍魂"或"侍"，明治维新前后开始特指武士，即"**武士魂**"）就是对"天皇"的"**死忠**"，所谓的"悟"或"觉悟"，就是彻底放弃了生的追求，而开始"绝对追求死"的心理状态，也就是"武士道"的境界。

这是一种带有偏执性精神病状态的自毁心理暗示，违背了人性和生物学原则，会导致大脑出现大逻辑的混乱与小逻辑的异常，摧毁一个人的道德体系和人性，导致一个人出现偏执性精神病症状，对于一个团体则会引发群体性癔病症状，并导致一种对极端残暴的追求和对自毁的追求，泯灭正常反思与对错判断，产生一种畸形的被动屈从和奴役的矛盾性追求，同时表现为极度的人格卑劣和极度的自大狂妄，摧毁一个人的正常人格与心理健康，导致生物保护性反应丧失，诱发丧失人性的屠杀和自杀。由于该作者故意把死亡和美相联系，导致了一种把痛苦与快乐相混淆、把折磨人和自己与追求幸福相混淆的病态现象的出现，如果仅仅是一个个人则会导致病态人格，出现人格的虚伪化、暴虐化、偏执化、反道德化、反人性化、奴性化、矛盾化，如果是人群则会导致一种病态的武士道文化。

这极大地损害了日本的武士精神，让日本武士在战国时代结束之后，迅速地消失了（"武士道"还有一些更加肮脏和龌龊的东西，与本书无关就不说了）。

武士精神哪个国家都有，就是战士的精神，但"武士道"是对日本战国时代形成的武士精神的亵渎和瓦解，是一个邪恶的社会控制策略，有着深刻的经济目的和外来因素，并不是日本本土的产物。楠木兄弟被"武士道"和后来的日本军国主义捧为"战神"，可他们绝对不是"为了死而死，为了杀人而杀人"，这是亵渎，是歪曲，是一种别有用心的社会控制策略。

"舶来武士道"假托日本武士道传统的目的在于摧毁武士道精神而不是"发扬光大"，消灭武士阶层，是为"国际债权人"集团主导的"明治维新"运动铺平道路，遏制日本民族的理智反思与独立精神，是世界金融战役史上第一次大规模的文化洗脑，技术上完美而成功。

第二章

"国际债权人"集团控制日本金融决战

一、日本萨摩（鹿儿岛）武士集团和欧洲"耶稣会"

（一）历史背景

日本的历史一直到7世纪，所谓的"大化革新"才有了一个相对较强的国家，但日本国一直没有形成，而是由许多藩国（藩主领地，存在于"一个小国"之内，可大可小）组成。这里可能存在一个从部落向藩国的过渡，越往后越有"小国家"的特征，越往前则越有"部落"特征，与本书关系不大，就不细致划分了。8～18世纪，"天皇"只是一个由最强大藩国控制和伴生的"神道象征"，这个最强大的藩国，自称"幕府"或"大将军府"。一方面说明"天皇"没有统一日本，另一方面又说明"幕府"在12世纪末，1192年在某种程度上部分统一了日本，此后日本三朝幕府，可以看成三个朝代，明治维新至今可以看成是"天皇朝代"，才真正完成统一。

但不能简单地理解为"挟天子以令诸侯"，因为这个强大一些的藩国势力，并不是一个统一国家的"大将军"，虽然他们可能很希望这样，实际是依靠武力压制为主，建立的一个很脆弱的"共同主政"的体制，幕府将军类似于一个平等"国家集团"中的"权威者"，但却无力消灭和统一整个日本，这种局面一直到"明治维新"，才由萨摩武士集团完成。换句话说：直到19世纪中叶以后，一个文化、思想、领土、金融实际上统一的日本国才诞生。明治维新后的日本经历了日清、日俄战争，取胜后成了强国。

日本总给人一种"突然强盛起来"的感觉，配合着日本真真假假的"历史"，让人们普遍以为日本是早就有的国家，并且是经历了"君主立宪为特征的资产阶级革命"才富强起来的。甚至存在着一种有着复杂背景的欺骗性说法：日本强大在于财阀，故此要向日本学习。这里实际有两个问题：

1.对于日本人民来说，日本长期处于衰退和高物价的牢笼之中无力自拔，日本从20世纪80年代后，扣除汇率变化，实际上一直处于"零增长"，平均年增长不到1%。日本人民辛勤劳动，却凭空欠下了一笔超过日本国民生产总值两倍的"神秘国债"，并持续增加。整个日本的经济、货币、金融制高点，被"国际债权人"集团控制。明治维新后，短期"强大"的结果就是"第二次世界大战的惨败和之后的外国驻军"。

2. 对于日本民族资本来说，基本丧失殆尽，根本就没有发展起来的机会，一直被牢牢控制在"国际债权人集团"手中，根本就没有"日本财阀"，只有"在日本的财阀"，这很多人都不太理解。

（二）日本萨摩武士集团

1. 大名、藩主、幕府

不论是**镰仓幕府**（1192～1333年）、**室町幕府**（1378～1573年，这有不同说法），还是**江户幕府**（1603～1868年，即"德川幕府"）都没有统一日本，这不是愿望问题，而是实力。日本诸多藩国，也没有实际形成统一"小国家"，好多是"地理概念"，而不是"政治概念"，虽然这给了人们一些"想象的余地"，但实际上控制日本各地的是不断涌出、不断更迭、不断相互征伐的藩主。

名词解释： 大名

日本"大名"就是某个地区，甚至是某个流窜的武装集团，有人、有马、有刀，就是大名。幕府时期也会"封"一些大名，但这只是政治策略和名义，实际意义随着幕府实力的大小出现变化，藩主们实际不需要幕府同意就是大名。藩主实际都是大名，大名不一定都能在某一个相对固定的地理范围当上藩主。一个"国"，可以有许多个藩主，也可以有许多个大名，实际是天下大乱，但又不是诸侯割据，而是"世界大战"。大名一般都是武士集团，藩主也离不开武士集团，但与地理意义更贴近一些，二者无所谓高低，很容易混淆。

江户时代，也就是日本跨进近代社会前的"古代末期"，各种大名有200个以上，都是武装集团，大多世袭。但也有"新兴"的大名，没有世袭地盘就抢地盘，老的大名就世袭地盘，并试图扩张，谁也不服谁，也根本不听"天皇"的话，甚至有自封"天皇"的大名和幕府将军，与本书无关，不一一列举了。江户时代与幕府关系比较好的，实际上是离得比较近，不得不"友好"，因为打不过幕府，假装友好，避免被吃掉；幕府则假装友

好，以此尽量控制更多的大名和领土，形成一个哪怕是脆弱的"统一"，此类大名叫"亲藩大名"、世袭的叫"谱代大名"，实际上大多为世袭，故此这个词汇是指某些历史比较悠久、资格比较老的大名世家。

还有一种"外样大名"，一般是与幕府关系不好、势力小，或者是被打败又没有被彻底被消灭的武装集团，他们在远离幕府的地方割据。有时把这些大名的家属或部分家属弄到江户幕府的所在地（江户）"居住"，实际消耗这些大名的旅途费（战争连绵，"旅途"要动用军队，与"盟友、敌人、盗贼"打一路），并扣押人质，随时杀死。这些藩主和大名与幕府的关系是最恶劣的，总是处于不断的战争中，几百年没有间断，而且战争很残酷，并且烈度（破坏）、规模很大，经常"屠城"，所以日本就有了"不投降、杀家属"的武士传统，是很无奈的一种选择，挺直胸膛死是一刀，跪着死也是一刀。

2. 萨摩武士集团与"倒幕四藩"

（1）日本简史

原始部落时代（2世纪以前）

日本上古神道宗教时代，2世纪末～8世纪，母系社会末期的象征性神道卑弥呼姐弟在"卑弥呼时代"共同开创，"大化时代"完成，形成"政教合一"的神道概念，但没有彻底统一日本，仅仅是"日本神道"领域的形成与"统一"，8世纪前后趋于成熟。

镰仓王朝（1192～1333），即"镰仓幕府"，赖朝、义经兄弟开创，即"源赖朝"、"源义经"，实际"源"是苗字，赖朝逼死兄弟后立国，所谓的"源平之战"就是他们兄弟与苗字"平"的清盛武装集团的定鼎之战。

室町王朝（1378～1573），这有不同说法，即"室町幕府"，又太郎开创，其父武士苗字足利，神道，也就是"后醍醐天皇"赐名尊氏，史称"足利尊氏"。

江户王朝（1603～1868），即"德川幕府"，竹千代开创，据苗字神姓，故史称"德川家康"，全称为"德川次郎三郎源朝臣家康"，其实这都不是姓名。

天皇时代（1868～今），名义为明治天皇开创，实际为有着国际银团背景的"萨摩武士集团"开创，这一点不为人知，却对日本影响深远。

①日本所谓的三个幕府，都正式称日本国王，有的有"天皇"名号（谥），之所以故意把它们说成是"幕府"，主要是日本神道的影响，这三个世袭王

财阀的魔杖——日本金融战役史

朝试图利用日本神道增强自己的统治而"屈尊"。日本"天皇体制"和"武士道"体制的正式建立，也是日本国真正的统一，是在武士阶层灭亡和战国时代彻底结束的19世纪，至今约200年。

②上述三个日本幕府王朝是相对统一的时代，但也一直战乱不止，罕有中国那种王朝稳固，天下太平之时，可能原因在于幕府的"统一"不彻底，王朝"间隔"则更是一片大乱的时刻，属于"中小战争时代"与"全面战争时代"交替进行，这给日本人民带来了深重的灾难，并出现了一个凌驾于农民之上的武士阶层，不从事生产，只从事战争和抢劫，武士阶层的"谋生之道"介乎于雇佣军与土匪之间，又拥有日本内部无人能敌的武力，故此直接阻碍了日本统一，成了一种威胁日本统一和发展的消极力量。直到明治维新开始，也就是江户王朝（"德川幕府"）灭亡之后，"日本天皇体制"才艰难地消灭了这个武士阶层，"武士道"不是武士鼎盛时期的产物，而是武士消亡时期的的产物。

图片说明：（左）室町王朝的徽章；（中）江户王朝的徽章；（右）所谓的"明治维新"之前，"倒幕四雄藩"的标记（"雄"是形容词，如同和民族，日本史书有时称"大和民族"一样，史称"倒幕四藩"中第一强藩，"萨摩藩"的首领家族，即，岛津家族的徽章），史称"十字丸"。

（2）欧洲的耶稣会

本书不涉及宗教，这里仅介绍一下一些掌故，否则就不容易理解日本金融战役历史的复杂斗争与国际金融背景。

世界金融战役史的欧洲系列，有过欧洲宗教变化的介绍，主要斗争表现发生于早期"**东正教**"（"东罗马教廷"，请参看罗马金融战役与"罗马金币流动性枯竭型金融危机"）和"**天主教**"（"西罗马教廷"）之争，后期主要是"**新教**"（基督教）与"天主教"（"罗马教廷"）之争。但这时，一种自称信仰"神"的共济会、光照会体系，就开始随着骑士团体制的出现，以一种跨国武装银行的形式，控制了欧洲大陆所有国家的国库和信用供给

(请参看"德国卷")。后来被以"信仰魔鬼"等罪名大部剿灭，但实际转入地下，出现了"世俗化、家族化的倾向"，直到后来罗思柴尔德家族彻底把这个体系家族化了。

骑士团虽然是一个无恶不作的跨国武装银行，也自称信仰"神"，为何被天主教廷和欧洲国王以"信仰魔鬼"的罪名，联手摧毁了呢？原因就在于，共济会和光照会的神，GOD，是"神"的意思，中文有时就翻译成"上帝"，这是翻译导致的语义错觉。共济会的"GOD"指的是"路西法"，即"光照者"，也就是魔鬼撒旦，他们认为这是"真正的上帝"（请参看"英国卷"），所以说骑士团信仰魔鬼不能简单地认为是"冤案"，至少这个说法成立。

骑士团被打垮之后，金融资本就开始扶植新教、分裂天主教，可新教其实也反对犹太金融资本，在浓重的欧美基督教文化内部，就出现了一种独特的"看似信仰上帝，实际上却很难界定"的宗教组织。在新教出现之后，第二金融国家西班牙阿拉贡王国的一个军官圣依纳爵·罗耀拉（Ignacio de Loyola，1491～1556，"圣"是封号），就建立了一个神秘的修士会（1522～1523年之间）。他在曼雷萨修道院秘密建立了这个组织，开始叫"道明会"，共济会和光照会也叫"光明会"，但后来他对外公布的组织名称是"耶稣会"，"耶稣"被认为是"上帝派到人间的使者"，问题是上帝是谁？耶稣会并没有解释。他本人是几所大学的学生，也是巴黎大学的学生，有关金融资本与"大学"和古代大学意义的不同，请参看"威尼斯卷"。也有一说，"耶稣会"是1534年，他和6个巴黎大学的学生在巴黎郊外圣但尼小教堂的地下室秘密成立的，目的是"从内部改革教会"，坚定地反对新教，似乎是"天主教"的修士会。

开始反对新教的"天主教廷"很欣赏，不久就发现"不对头"，因为耶稣会一直系统独立，在金融资本的帮助下，很多成了服务于各国国王的神父，大有架空"罗马天主教会体系"的态势。不仅如此，这个组织根本就不听罗马天主教会的"招呼"，有独立的世界总部，开始了世界性的扩张，极具政治性。**沙勿略、利玛窦、龙华民、邓玉函、汤若望、南怀仁、郎世宁**……这些背景复杂的"耶稣会修士"打着"天主教"的旗号，直接到东亚一些地区（包括中国），参与政治，甚至直接当官，影响朝廷。比如，故意阻碍和摧毁了我国早期一些极端重要的军事发明，迫害军工天才，促成了我国军事工业从领先欧洲到落后欧洲的转变。耶稣会与光明会有着"某

种联系"是肯定的，比如，1698年来华的巴多明（Dominique Parrenin，1665~1741，死于北京）就是共济会成员、大银行家伏尔泰的"前辈"，对他影响很大。

1540年，"教皇"保罗三世（1468~1549）认可"耶稣会"，但欧洲各国后来发现这个组织不是"天主教组织"，1759年葡萄牙就开始正式驱逐"耶稣会"，但不驱逐基督教和天主教，驱逐的理由是"信仰魔鬼"。1762年法国开始取缔"耶稣会"，1767年西班牙开始取缔"耶稣会"，这些国家的国王联合找到"教皇"克雷芒十三世（1693~1769）要求取缔，可银行家支持的克雷芒十三世拒绝了这个建议，但他去世以后，欧洲取缔"耶稣会"的呼声很高，此时共济会，尤其是德国法兰克福老光照会因为颠覆政府逐渐被取缔，这引起了各国政府的注意。

1172年，"天主教皇"克雷芒十四世（1705~1774）正式宣布取缔"耶稣会"，直到19世纪"教皇庇护七世"（1740~1823）时期，才恢复了其合法地位。欧洲第一次警惕共济会的高潮过后的1812年，罗思柴尔德家族已经把光照会从一个跨国秘密金融会道门，改造成了家族控制的一个跨国金融情报机构，请参看"美国卷"。

（3）萨摩武士集团和岛津家族谜一样的历史

①萨摩武士集团的神秘身世

江户时代，德川幕府并没有彻底统一日本，在离江户（相当于当时的首都）远一些的地方，逐渐形成了外样大名势力，并最后形成了所谓的"强藩"，在众藩主中实力鹤立鸡群，最终开始挑战幕府，这是一个非常复杂的过程，不单纯是"接触了新鲜事物"，甚至不完全代表日本的传统武士集团。

在江户时代末期，挑战江户幕府的"倒幕四雄藩"（萨摩藩、长州藩、肥前藩、土佐藩，其中以萨摩藩、长州藩为主，又以萨摩藩为核心），都被泛称为"萨摩武士集团"，但实际主要是萨摩藩岛津家族为核心的武士集团。岛津家族之所以不受处于日本核心地位的江户幕府信任，有一个重要的原因——岛津家族可能是中国移民，至少可能自认是秦朝王室子孙惟宗氏的后裔，是否是王室一脉，何时到了日本，无法考证，但中国移民的身份，不能完全排除。在日本比较狭隘的幕府政治体系中，这就只有被边缘化的结果。"惟宗基言之子惟宗广言的主君是藤原摄关家笔头近卫家日向国岛津庄（现宫崎县都城市）的庄官（下司）前往九州、儿子惟宗忠久在源赖朝时期出任该地地头时开始称为岛津氏，都城市被说是岛津家的发源地。现

第二章 "国际债权人"集团控制日本金融决战

今,就岛津氏的出身,一般的说法是:惟宗基言之子广言在近卫天皇的时代,辞去了播磨少掾一职出仕于近卫家,因为成为近卫家领有的岛津庄的下司,从那被认为是岛津氏之始。即是说,广言之子忠久是岛津氏的第一代。"(参考文献:a.百度百科"岛津氏"词条[DBOL]:http://baike.baidu.com/view/703712.htm; b. 郑梁生编著.日本通史.中国台北:明文书局.1993; c.区胜著.日本战国史话.新浪图书刊载电子版:http://vip.book.sina.com.cn/book/index-11022.html)

从中国到日本的早期移民,主要是失势贵族、逃亡者,还有一些特殊情况,比如两次骗秦始皇钱的江湖术士徐福,可能也到了日本。此外,可能还包括迷路的渔民,这些人在日本形成一些集团的可能性是客观存在的。比如,日本的忍者固然家喻户晓,但忍者大都是中国移民,而不是日本本土武士。不论岛津集团是否来自中国秦朝王室,在江户幕府时代的确一直受到排挤和打压,时刻处于危险当中,家人成了德川幕府的人质,这就更加让这些所谓的"外样大名"(偏远地区不被信任的大名)更加离心离德了。这些人内心深处对江户王朝缺乏起码的认同感,根本就不接受武士的概念,虽然他们也是武士集团,但实际上却是反对武士集团的"武士集团",如果他们的地位高了,情况就会发生变化,但他们却一直被边缘化。

岛津家族很能干,萨摩藩实际也就是萨摩国了,日本古代藩国林立,内部还有许多小藩,故"幕府不统,小国也大多无实",萨摩国也就有了扩张的趋势。萨摩藩在18世纪末到19世纪初的江户时代逐渐形成了一股强大的反对日本正统的势力。在这个过程中,"耶稣会"的影响作用不可小觑,萨摩藩藩主岛津家族的族徽,就是"耶稣会"的十字架,为什么这个神秘的"耶稣会"要跑到那时还很偏僻的萨摩藩去渗透,而不像他们在中国一样直接到王朝统治中心去呢?这与明朝比较宽松,或者说腐朽和无知;日本幕府管制比较严格,或者说狭隘和封闭有关。

②"岛原之乱"的背景

a. 萨摩藩,也就是鹿儿岛藩与"耶稣会"

日本一直存在很多小国,有一种观点认为"国"是日本的行政划分,相当于"省"或"州",古代究竟如何很难说。藩国各自独立,各自世袭,所以不是"郡县州省制度",也不是诸侯制度。因为与诸侯体制不同,日本藩国主要不是依靠"分封",而是各自固有的传承,幕府的"分封"往往伴随着"灭国"。日本古代主要就是四个岛屿大区,**本州**(最大的岛)、**北海**

财阀的魔杖——日本金融战役史

道（北边的岛）、九州（与日本本州岛相对，最西边的岛）、四国（九州与本州中间的那个小岛）。

这里稍微说一个问题：基督教和天主教有着一些"纲领性"的不同，东正教和天主教则是一回事，是由于罗马金融危机时，因领土太大才设立东西"教廷"所致，二者虽然有激烈的权力之争，但宗教学说基本一致。基督教史称新教，并不是天主教（教义解释不同），"耶稣会"被"罗马教廷"一度严禁，被欧洲多个信仰天主教的王国驱逐，绝非偶然。所以，传到日本的不是"新教"，也不是"天主教"，而是"耶稣会"，也就是神秘的"道明会"，与欧洲银行家族有着深刻的联系，不是一个单纯的宗教组织，甚至根本就与天主教无关，只是打着天主教的旗号。

比如说，"耶稣是犹太人"，这类说法就不是历史观点，而是政治观点和宣传策略。实际犹太教比天主教产生还要晚，是三世纪基督教大会以后逐渐分化出来的（那时犹太教的神和基督教的神，基本是一回事），在欧洲形成的一个宗教。信仰犹太教的，一般认为是由阿拉伯闪米特族为主的犹太教众，也就开始自称和被称作犹太人，信仰伊斯兰教的闪米特族人就不是犹太人了，这和巴尔干地区塞尔维亚的"穆族"和"塞族"类似：信仰伊斯兰教的塞尔维亚人就被称作"穆族"，而信仰东正教的塞尔维亚人就被称作"塞族"。

实际上，在三世纪基督教大会确立教义之前，犹太教还没有从古代宗教中分化出来，此前犹太人的概念就是一个众说纷纭的神学概念，这与本书无关，就不多说了。故以罗思柴尔德家族主导的信仰"路西法"的光照会体系成员，已经不再是犹太人，是自称犹太人"路西法信徒"，而犹太人是因为信仰犹太教，才被称作犹太人，"光照会"当然不是犹太教。理解这一点，就不难理解为什么被古典共济会运动成员披露的所谓的"现代共济会"的《锡安长老会会议纪要》提出要煽动"反犹运动"（请参看"法国卷"）。

就不难理解为何一直有希特勒是光照会成员，参加了1919年光照会秘密会议，第二次世界大战期间罗思柴尔德家族的金融代理人在鼎力支持他的传言，同时还有了希特勒还是"犹太人"的误解，原因在于把"光照会"等同于犹太教,把犹太银行垄断金融资本等同于犹太人民。[参考文献:(美)戴维·雅克著.希特勒是犹太人吗.美国：Bridge of Love Publication 出版.1999]

就不难理解为什么屠杀犹太人民的纳粹德国的支柱，法本军工联合体

第二章 "国际债权人"集团控制日本金融决战

是美联储世袭股东"犹太"沃伯格家族组建、拥有和管理，实际上为罗思柴尔家族所有（请参看"德国卷"）。

就不难理解为什么通过沃伯格家族豢养了希特勒集团的罗思柴尔德家族为何又是近代"锡安主义"的创始人，又是犹太复国主义运动的金主。

就不难理解罗思柴尔德家族掌握的"犹太"瑞士银团如何会为秘密联合残酷屠杀犹太人民的盖世太保，设立秘密账号，联手瓜分被屠杀的犹太人民的财产（请参看拙作《货币长城》）。

就不难理解为何罗思柴尔德家族的银行代理人和情报代理人摩根家族建立并拥有的国际清算银行，这个"央行的央行"一直到第二次世界大战期间成为了希特勒集团的"国际金融平台"，成为了招募控制20世纪早期欧洲各国央行行长的情报机构与管理欧洲各国金融货币事务的统一跨国世袭寡头机构。库恩家族和沃伯格家族的作用后来逐渐隐性化了，他们在幕后操纵着华尔街的情报和金融工作，前台主要由摩根财团和洛克菲勒财团负责。库恩家族缔造并管理着光照会闭门会议建立的英国秘密情报局（MI6）和中情局，也就是电影里的"军情6处"和英国的军情6处、英国海军情报部的伊恩·弗莱明建立的美国战略情报局(OSS) [参考文献：（美）肯尼思·康博伊，詹姆斯·莫瑞森著.中情局在西藏的秘密战争.美国堪萨斯：美国堪萨斯大学出版社.2002]，中情局由华尔街库恩公司的金融情报人员杜勒斯兄弟和约翰·肯尼出面建立，由此可见一斑。

就不难理解，在第二次世界大战期间，美联储世袭股东集团为何与"敌国"兄弟共存，两头主政，沃伯格家族如何同时把持着"德意志第三帝国"和美国……这一切说白了很简单：

犹太人是信仰犹太教的人，不是某种肤色和地缘概念，不是一般所说的"民族"，独一无二，无法找到一个接近的民族定义，故此犹太人在翻译成中文后，可以是犹太人，也可以是犹太民族，也可以是犹太教徒，这都对，但也反映了犹太民族的概念，不同于俄罗斯民族等欧洲民族概念，是一个独特的宗教民族概念，至少是个特殊类型的民族，至于如何界定，是个学术问题，与本书无关，就不涉及了。信仰"路西法"的"光照会"（也称共济会、光明会、骷髅会等）则不是犹太教信徒，也就不是犹太人了。

问题是，由于"光照会"被跨国垄断金融资本把持和具有强大的金融实力，罗思柴尔德家族在把"光照会"家族化后，出于建立跨国金融僭主体制的政治需要和"人事惯性"，一直试图改变"犹太教"的概念，也就是

财阀的魔杖——日本金融战役史

偷换"神"的概念，这直接导致了欧洲的反犹运动和犹太文化和价值"内涵"的异化，导致了"现代犹太人"和"古代犹太人"的概念差异，也导致了欧美犹太人在欧美社会中的定位与生存模式发生了深刻的变化，被绑上了金融僭主家族的世袭战车，成了金融主义的牺牲品。

1976年，德裔犹太人哈罗德·罗森塔尔（美国参议院德裔犹太人议员雅各布·扎维特的助手）这样说过："大多数的犹太人不愿意承认，但是我们的上帝就是路西法。"

美联储世袭股东犹太财团的戴维·洛克菲勒就毫不掩饰地说："有些人甚至认为我们是一个秘密集团的一部分，试图危害美国的核心利益，他们把我的家族和我本人描绘成'国际主义分子'，阴谋与各国（拥有同样理想）的一些人合作建立一个全球的政治和经济结构——单一的世界（政府）。如果这是一种指控，那么我承认有罪，但是，我对此引以为荣。"（有关戴维·洛克菲勒这句话的文献出处：宋鸿兵编著.货币战争 2·金权天下.北京：中华工商联合出版社有限责任公司.2009）

有关"耶稣会"对亚洲地区的渗透，伪史很多，大约在1549年8月15日，这个日期可能并不准确，但年份各种文献基本一致，"耶稣会"修士方济各·沙勿略和岛来斯神父、斐迪南修士，通过日本向导弥次郎来到了九州的鹿儿岛，建立了一个"登陆点"。传说建了一个鹿儿岛教堂，可能存在过，现在的是仿建的纪念教堂。萨摩藩，在日本史中也称"鹿儿岛藩"，故从鹿儿岛地区开始逐渐控制了九州岛，最后开始"倒幕"的萨摩武士集团，也就是鹿儿岛武士集团，他们有"十字架"的标志，有强烈的反日本主流倾向，却是以强烈的"日本元素"表现出来的，代表的是国际债权人的利益，联合欧洲银行家族，对外输出日本利益，控制了日本，挑起了许多战争，日本人反倒不知道这里的奥妙。

萨摩藩在当时，是受歧视和排斥的、非主流的"外样大名"，一些家属被江户幕府扣作人质，不难理解这里面的仇恨、对立、矛盾和萨摩藩面临的"严酷现实"和"极度不妙的明天"，度日如年，如坐针毡。萨摩藩在这样一个"偏僻的九州之地"，即后来萨摩藩，有的文献也记作鹿儿岛藩，实际上控制了整个九州地区，有很强的独立性，萨摩藩很快就与外来的"耶稣会"联合，与欧洲金融资本打得火热。需要说明的是，萨摩武士集团虽然在开始和史书中被称作"萨摩藩（武士）"或"鹿儿岛藩（武士）"，但萨摩武士集团经过"西南战争"后，也可看成是剪除了武士集团的"新萨摩

第二章 "国际债权人"集团控制日本金融决战

武士集团",是一个代表"国际债权人"集团,依托日本"独立央行"体制和世袭小股东代理人的跨国金融代理人集团,在日本实施金融代理人体制的金融买办集团,不是一个早期的地理和家族概念(虽然这很重要)。

日本萨摩武士集团在"明治维新"时期,基于自身的利益,建立了一个服务于跨国垄断金融资本的广义财富转移机制,让勤劳的日本人民创造的财富,没有留在日本,大部分归了"股份化的独立央行"控制的所谓的"日本财阀",而这个所谓的"独立央行"和"日本货币",不仅私有,而且从建立伊始,就由"国际债权人集团"拥有,这一切都是萨摩武士集团所为,日本人民并不知道,也不理解。

但是,历史老人也开了一个小玩笑,"耶稣会"初到日本,当然高兴在鹿儿岛地区有一个落脚之地和"政治盟友",但却没看上这个当时日本的"蛮荒之地",直接就跑到本州、江户地区发展,根子在鹿儿岛,可树干伸到江户去了。古代江户是东京的旧名,大约在今东京都千代田区,现代东京的地理范围比古代江户大许多,有点类似于现代北京和古代渔阳的关系。

b. 幕府的正确决策——统一国家财权

跨国垄断金融资本控制欧洲各国之所以特别顺利,就在于推行了一个"央行骗局",在各国内部搞了一个听命于摩根财团建立并拥有的国际清算银行"央行行长年会"体制,独立于各国政府之外,剥夺了欧洲各国民选政府的财务、货币、金融权力,成了一个看似"国有",实际"私有"的跨国央行管理体系,罗思柴尔德家族才能在欧美跨国指挥各国的货币、金融、财政事务,各国的"独立央行"都是国中之国,成了一个凌驾于组织体系、民主监督、行政机制之上的"独立王国","独立央行"的"行长"则听命于摩根财团,后者以"一言堂"的形式"分管"着欧洲各国,各国民选政府丧失了对本国核心主权的控制力和监督权。各国政府如果真正行使人民赋予的货币权利,则被银团拥有的媒体帝国攻击为"政府干涉金融独立性",其实是在蓄意破坏欧洲各国的金融独立性,推行跨国金融僭主体制。

这也形成了摩根财团可以实际管理欧洲各国央行的现象,然后通过"独立央行"体制架空各国财政部,逆向管理各国预算,也就控制了欧洲古代各个王国的军事权力、预算权力和政府权力。独立央行体制的建立也就促使了德国、法国、英国等国家的主权分裂、行政权分裂。人为制造两套人事系统、两个"管理"班子形成的金融战古典主义战术——核心无外乎是,制造财权的分裂和通过"金本位骗局"推行"债务体制",灌输"货币本位概念"。实际上货币根本就不需要有任何本位，只是实体经济在虚拟经济的物理镜像，不需要额外的抵押和国债发行。这是一个传统的金融战骗局，以此来剥夺各国的财权和货币权。

图图片说明：这是1549年登陆日本鹿儿岛地区的"道明会"，也就是对外宣称的"耶稣会"修士方济各·沙勿略（即"弗朗西斯·沙勿略"，1506~1552）的"洗礼图"。这是耶稣会的图画，伪造的历史。图中是一个留辫子的清朝男子，可沙勿略是进入中国，想觐见明朝皇帝时，就病死了，根本就不是一个朝代的人。这种"伪史"比比皆是，像这种荒谬的编造还好鉴别，但如果是"时间基本无出入"，就很难判断，这给后人研究"耶稣会"对日本、中国等亚洲国家的实际影响带来了很大的困扰。

日本江户幕府最希望用武力统一日本，这是古代日本所有武士集团的梦想，但实力不足时，首先就要逐渐统一财权和税收，建立国家统一的外贸财经体系，地方庞大的武士集团（就是藩国的军队）没有军费了，也就逐渐"地方官化"，日本也就统一了。1587年，"耶稣会"被当时的日本武士集团的一个首领丰臣秀吉定为"邪教"；1614年，江户幕府开始查禁"耶稣会"；1633年下令禁止长崎、界作两港口外的对外贸易，这个政策后来被萨摩武士集团书写的日本"历史"丑化为"闭关锁国"，是江户幕府的一条"罪状"（"倒幕理由"），不完全符合历史，属于脱离历史条件解释历史。

"独立央行"出于小集团，即后来的日本"独立央行"世袭小股东集团和世袭小股东家族的私利，试图阻碍日本民族资本的正常发展，打破日本民族资本的发展规律，进而扼杀日本民族资本。萨摩集团打着"维护天

第二章 "国际债权人"集团控制日本金融决战

皇"的旗号,非要"推倒幕府,还政天皇",而"孝明天皇"坚决反对萨摩武士集团,最后被"倒幕派"毒杀的深刻历史背景,说到底是一场日本货币发行权的争夺,是民族主义与金融主义的殊死较量,不是简单的"本位主义"或"山头主义"作怪,也不是单纯的"改朝换代",是一个比较典型的跨国金融情报网络逐渐主导日本,建立一个服务于欧洲跨国垄断金融僭主家族的系统过程和一场持续了几个世纪的日本金融战役。

当时,日本的生产主要是农业和手工业,没有机械化工业生产,每年的税收是一个相对固定的数字,甚至有时随着人口增长或天灾、战祸,导致可征收税源下降,甚至枯竭。唯一可靠的"活钱",就是贸易关税,这与清朝中晚期颇为类似。日本武士集团在江户时代达到了人口的7%,已经成了日本农民不能承受之痛,只要是贸易集中的进出口地区,就可以统一征税,各藩主就是想养兵,也养不起,自己就"解除武装"了。在当时落后的历史条件下,集中力量、统一建设1～2个重要的国家对外贸易口岸和港口,比"遍地开花"要明智得多,江户幕府集中贸易港口的国策,不能简单地解释为闭关锁国,而是用心良苦,一箭双雕。

萨摩藩等武装集团失去了"活钱",只能增大对农民和手工业者的征税比例——本来应该削减藩国武装,减少农民供养的藩国武士数量。这样做,完全不顾日本老百姓的死活,继续维持藩主家族纸醉金迷的糜烂生活。比如,萨摩武士集团的著名人物,后来遇刺的伊藤博文就留下著名的诗句"醉卧美人膝,醒掌天下权"。当时,日本农民卖儿卖女,到了年轻女子做娼妓"不丢人"的地步,这不是个性解放的结果,而是广义财富转移机制压迫太甚,社会趋于失序,打碎了长期延续的机制,造成了竭泽而渔的金融后果,这是赤裸裸的经济问题,不是道德问题。

c. 九州岛原藩与江户幕府残酷战争的实质与历史意义

萨摩武士集团控制九州地区,却丧失了"活钱",苛捐杂税也将农民"逼上梁山",不断起义抗税。人心乱的时候,往往是野心家盛宴的开始,"耶稣会"就粉墨登场了。天草四郎时贞(1621～1638),这个"耶稣会"的"天童"被奉为"救世主",开始起义,组织了一支庞大的由"耶稣会"主导的武装集团,对萨摩武士集团横征暴敛再也无法忍受的农民纷纷加入,让起义队伍迅速扩大。这次起义是典型的农民起义,但有复杂的国际背景,江户幕府立刻感觉到这不是普通的农民起义,因为他们四处竖立十字架,战斗有"殉教升天"的色彩和狂热,在当时日本还是一件"诡异的新鲜事",

财阀的魔杖——日本金融战役史

遂大举镇压，最后攻破了起义军的据点，杀了"天童"，将37000还活着的人，包括起义军和城中百姓，不分老幼妇孺、参与与否全部砍头，劫掠财富后，焚毁城市后撤离。这就是日本战国时代一贯的战争风格，故有"战败自杀"的传统。有趣的是，同在九州的九州萨摩武士集团的各藩主也积极参与，"分了一杯羹"。

（1）"耶稣会"从此被彻底禁止，直到萨摩武士集团推翻了江户幕府。

（2）日本的九州地区形成了一个极端仇视日本"主流"，尤其是日本"天皇神道"的"地下耶稣会"集团，后来的萨摩武士集团，即"倒幕四雄藩"的萨摩金融政客集团，很多都是"耶稣会"成员，有的还是近代"武士道"理论的旗手，鼓吹自杀，而天主教和新教都是反对自杀的。

（3）一个跨国金融资本扶植的萨摩武士集团利用江户幕府在九州地区的"权进誉退"，逐渐发展壮大了起来，开始通过私下发行金本位"藩国藩札"（类似于纸币和支票）的方式，巧妙地解决了豢养武士集团的问题，间接制造了全日本的通货膨胀，并逐渐控制了日本的货币发行，这种藩主家族短暂的蝇头私利，导致了日本逐渐接受了欧洲金融僭主集团四处贩卖的"债务货币理论"、"货币本位理论"，奠定了后来"金本位骗局"和"独立央行骗局"得以顺利实施的社会认知基础，成了日本货币发行被"国际债权人"集团公开篡夺的序曲。

二、萨摩武士集团与欧美银行家集团的"对手戏"

萨摩武士集团，在日本一直是"信仰邪教、里通外国"的"外样大名"，生活在"偏远的蛮荒之地"，不仅不是日本的主流政治力量，也不是国际金融资本渗透日本的"先头兵"和金融代理人，从"耶稣会"到鹿儿岛藩（也就是萨摩藩）开始，有几百年了。华尔街如何让这样一个在日本战国时代就"政治名声不高"，尤其是偏离了日本民族利益和文化的萨摩藩，成为一个日本人民能够欣然接受，而主导日本的政治力量呢？

（一）黑船事件（1853~1860）——银行家的"弱主策略"

美国海军是由罗思柴尔德家族的美国第一任代理人、现代共济会会员、美国第一央行北美银行的建立者犹太银行家罗伯特·莫里斯1775年11月10日出资建立的，一直控制在德国犹太金融资本手中，美国大陆军则一度失控，由苏格兰银行家集团短暂主导。

第二章 "国际债权人"集团控制日本金融决战

1853年7月,由美国海军东印度海军司令官海军准将马休·佩里(1794~1858),他本人被称作"美国蒸汽战舰之父",他的父亲实际上是个服务于金融资本的政治海盗(请参看"荷兰卷")。佩里率领4艘美国战舰,旗舰密西西比号巡洋舰、萨斯凯哈那号巡洋舰、萨拉多加号护卫舰、普利茅斯号护卫舰,侵入日本江户湾相州浦贺海面(今东京湾神奈川县南部)武力"威慑"。

1853年7月8日在浦贺港靠岸,转交美国总统米勒德·菲尔莫尔"开放日本"的"信件"(通牒)。1854年3月31日,再次抵日,强迫江户幕府签订《日美友好条约》,这是日本历史上屈辱的一页。萨摩武士集团却对此大加赞赏,其代表人物,后来当上日本首相的伊藤博文亲笔题字"美国水师提督佩里登陆纪念碑",至今树立在日本神奈川县横须贺市久里滨的"佩里公园",视入侵者为"恩人"。

这4艘现代化的军舰,吨位大,旗舰满载排水量3220吨;火力很强,配有254毫米大口径现代舰炮,日本军队一看见就慌了,幕府将军德川家庆(1793.6.22~1853.7.27)又惊又怕,在和大臣商量对策的时候暴毙,日本百姓一片恐慌,把涂为黑色的外国入侵军舰称作"黑船",有鬼船之意,举国一片混乱。

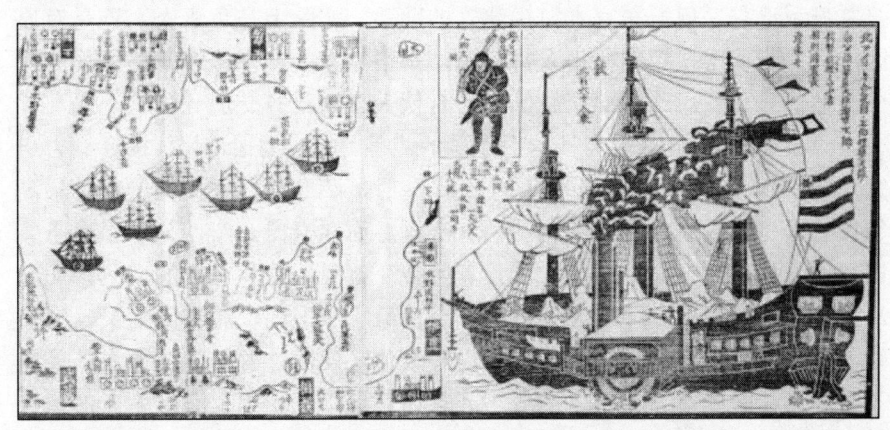

图片说明:这是日本绘制的1854年"黑船事件"的战场示意图,可以看出当时对于铁甲蒸汽战舰的认识还有不足,实际不是图中的"冒着黑烟"的木船。

从此以后,秘密联手国际银行家的萨摩武士集团,开始唱"红脸"(俗语,喻正义或积极的一方),上演了一出日本金融战役史上的精彩喜剧,这个"黑船事件"是一系列塑造萨摩武士集团"正面形象"戏码中的头场戏

码，影响深远。

（二）英萨战争（1863.8.15～1863.8.17）——银行家的"强藩策略"

1. 英萨战争与生麦事件（1862.9.14）

"黑船事件"不但不是日本强国的开始，反而是日本半封建半殖民地时代的开始；外来者不但不是日本人民的"恩人"，反而是日本人民痛恨到极点的侵略者。这就让"黑船事件"以后的日本，上下弥漫着一种对江户幕府的不满，认为幕府软弱无能，无法抵御外患，这就是"黑船事件"要达到的心理战效果。

大约8年后，1862年9月14日，与英美金融资本不分你我，并靠外国金融资本的支持，迅速把影响力扩大到了整个九州岛的萨摩藩与英国发生了一场奇怪的战争，并且还可以说打胜了，从而让萨摩藩成了日本人民的"希望"，从此登上了日本的主流政治舞台，这次事件的中心人物就是**福泽谕吉**（1835～1901），后面要专门介绍此人的"不俗背景"。"黑船事件"后，日本被迫签署了丧权辱国的《美日友好（通商）条约》，1860年到美国送条约签署副本的人员中，就有福泽谕吉，名义上是谕吉作为咸临丸（江户幕府派遣护卫舰）军官木村摄津守的助手，实际上是负责人。这是有原因的，只与秘密扶植的代理人打交道，是银行家的一个传统策略，如同在中国他们只和罗思柴尔德家族的秘密合伙人李鸿章打交道一样。

"英萨战争"（英国和日本萨摩藩的战争）的起因很奇怪。福泽谕吉送完"合约"文本，从美国回国后不久，这时，萨摩藩武士集团的实际最高领导者是**岛津久光**（1817～1887，这个人后面要专门介绍，是萨摩武士集团从"外样大名"向日本核心政治集团转变过程的主导者）的亲信，鹿儿岛武士（可能都是"耶稣会"成员）奈良原喜左卫门、海江田信义，突然袭击了4个英国人，理由就是他们没有给他（实际是监护者，藩主是他儿子岛津忠义，傀儡）让路，造成1死2伤。英国在中国上海做生意的商人查理斯·理察逊死亡，店员克拉克和在中国香港做生意的马歇尔重伤，当时没死，后来死了也和理察逊埋在一起，马歇尔夫人幸免。

问题是马歇尔，也有说是马歇尔夫人的马，突然冲入了岛津久光的队列，卫兵就开始用刀砍，很有可能是马歇尔被人利用了，而他没想到后果如此严重，此人一贯傲慢，但死无对证。奇怪的是，与英美关系一直很好

的岛津久光却一反常态，寸步不让，甚至拒绝道歉，中间人就是福泽谕吉。日本有一种说法认为是福泽谕吉翻译造成的"误解"，这就无法考证了，事实上，这很可能既真实，又不过是一种借口，用来掩盖岛津久光反常状态的深刻原因。

英国开始和萨摩武士集团开战，炮轰鹿儿岛，也就是英美金融资本在日本的桥头堡，也是"耶稣会"在日本的发祥地，萨摩武士（鹿儿岛武士）集团的老家，欧美势力在日本的重要根据地！这还不够奇怪，奇怪的是：就在福泽谕吉到美国送不平等条约回来后几百天，日本的一个萨摩藩大败英军，打败了英国7艘战舰组成的特混舰队！当时，世界最强大的海军是英国和美国，4艘美国战舰把整个日本逼迫得毫无办法，幕府将军活活"急死"，被迫签署了不平等条约，可条约文本送到美国后不久，英国海军的7艘现代蒸汽战舰被一个藩主的武装打得大败，英国伤亡63人，其中死11人、伤52人，萨摩武装人员仅死5人，百姓伤9人！

更为奇怪的是，这样的结果，英国海军上将奥古斯都爵士却受到了英国舆论的赞赏和表扬，英国议会有些人感觉不对头，认为他打了败仗，但都被舆论"主导"了，奥古斯都爵士一时间恍惚成了维护英国利益的"大英雄"。

问题是"舆论"不过是报纸的文章，这些报纸都是罗思柴尔德家族的私产。苏格兰银行家集团的失败不是偶然的，他们早期很不注意报纸投资，可能感觉很浪费钱，所以英国和殖民地区的报纸都是德国犹太银行家集团建立的，舆论战的输赢也就有了"定数"。

图片说明：这是"有人"在引发"英萨战争"的"生麦村事件"（1862.9.14）之前，同年在事发地点，预先拍摄的"纪念照片"，如果这不是巧合，那就是"神"对摄影者的眷顾。这些草棚就是伦敦金融城媒体所宣扬的"英国皇家海军大捷"中，摧毁

的"几百栋建筑"的类似"建筑"。

2. 英萨战争在日本金融战役史上的重要地位

（1）英萨战争是日本金融战役的转折点与大"分水岭"，具有划时代的意义。此前，萨摩武士集团是日本主流排斥的亲英美代理人势力，一个"偏远"地方的"外样大名"势力，是日本人民眼中的"邪教信仰者"和"勾结蛮夷的藩主"；此后，萨摩武士集团成了日本"抗击外国侵略者"的旗帜，成了日本主流政治集团，推翻了江户王朝，奠定了日本"天皇时代"的政治格局、门阀体系、思想文化，重新塑造了一个"崭新的日本"。

（2）日本人民勤劳勇敢、聪明智慧，不论有没有外国入侵者，都会最终走上民族富强和工业革命之路，会有一个日本民族自我发展的过程，这不容置疑。萨摩武士集团的"闪亮登场"让日本迅速走上了一条半封建半殖民地的军国主义道路，不仅给亚洲人民带来了深重的灾难，也给日本人民带来了不可承受之痛，最大的危害莫过于"精神绞索"——"现代武士道"文化的兴起，伴随着日本武士传统的灭亡和对半封建半殖民地化生活的"习以为常"。

（3）萨摩武士集团的强大，源自欧美金融资本的扶植，对于罗思柴尔德家族，这是一笔划算的"投资"，因为收获的是日本的货币发行权和国家的预算权，乃至主权。

第三章

金融决战前的"人脉"布局

一、欧美金融资本的金融战策略——高端主导

(一) 金融"人脉"的实质

由于德国法兰克福犹太金融资本与英国苏格兰金融资本在成长的过程中，都依托着跨国的秘密组织，德系"光照会"、英系"共济会"，都属于"光明会"，成熟以后苏格兰银行家实际掌握了英国的情报组织，德国法兰克福犹太银行家集团先是控制了神圣罗马帝国（"第一德意志帝国"），又亲手建立了普鲁士德国（"第二德意志帝国"），20世纪初的德国秘密情报组织和法国内务部都由罗思柴尔德家族成员和最亲信的银行代理人家族——沃伯格家族直接主导。美国的"华尔街"，由"共济会"成员汉密尔顿一手建立，不是一条"金融街"，而是一个金融寡头说了算的，与财政部相互融合的，"亦官亦商"的金融情报体系。华尔街与美国早期的情报内卫机构——美国财政部相互交织，不分你我，这是汉密尔顿作为美国大陆军时期秘密情报首脑的精心安排，创造了这样一个华尔街情报体系。

罗思柴尔德家族旗下的库恩财团、摩根财团、沃伯格财团、洛克菲勒财团，和这些银行代理人所建立的"基金会"和"国际组织"，都不是普通商业集团，而是一个听命于跨国垄断金融僭主家族的金融情报机构，是华尔街·财政部金融情报体系的中流砥柱。先后由"美国第一央行·北美银行"、曼哈顿公司、"梧桐树协议家族"管理，后来则由美联储世袭股东集团统一管理，主要是摩根财团、洛克菲类财团、沃伯格财团、库恩财团，也就是罗思柴尔德家族，亦称"洛希尔财团"世袭"打理"。

他们凌驾于中情局之上，而不是相反，是罗思柴尔德家族建立了中情局和英国秘密情报局（所谓的"军情6处"），故有人说"华尔街与中情局

就是一伙人",这话没有错,因为华尔街建立伊始就是个金融情报机构,也就是美国财政部。有了美联储之后,也就包括美联储,都这是一回事。这是一个金融资本主导下的私有制怪胎,由汉密尔顿的曼哈顿公司,也就是"大通银行"的前身主导,后被罗思柴尔德家族逐渐占了上风,控制权就从苏格兰共济会集团,转到了德国光照会集团,这个指挥机构就变成了"摩根大通",也就是被摩根家族控制了。所以才会有1920年华尔街摩根大通总部爆炸案,袭击者要求释放政治犯,详情请看"美国卷"。

在金融战役学中,如果不理解欧美跨国金融情报体系的客观存在,不了解"华尔街"与美国大陆军时代秘密情报首脑汉密尔顿的隶属关系,就会不理解"华尔街人才"的性质和跨国金融"人脉"的实质——跨国金融情报网络。

(二)萨摩武士集团的"强国之路"

日本实力很弱的萨摩武士集团"奇迹般"的创造了一个"崭新"的日本,是耶稣会从16世纪在鹿儿岛登陆后,开始接触、选择和培养的结果,这个复杂的金融"人脉"之树,不是一天成长起来的,有着深刻和复杂的发展过程。一句话:萨摩武士集团的选择是"历史选择",却仅仅具有战术价值,忽视了战略的意义(甚至对萨摩武士集团的后人,也就是日本世袭政治家族来说,都是一个逐渐趋于负面的选择,是一个最终失去全面控制和所有利益的选择,目前已经露出端倪,但见底尚需时日。原因很简单:代理人家族的命运只有一个——被替代或消灭,这是巩固代理体制物理模型的一个必然结果,不是感情和道德的选择)。

举例:日本从1985年9月22日纽约"广场会议"之后,开始出现实体经济增长停滞,完全依靠汇率变动提高"人均国民生产总值",近30年的经济"零增长"根本无法摆脱,从1986~2010年,日本扣除日元汇率变化,平均年增长仅1%左右,陷入了不可逆的结构性滞胀,货币发行权和金融体系被"国际债权人"集团全面主导。这是一种严重的、不可逆的金融危机——虚拟增长(并且无法自主摆脱,相关数据统计和参考文献,详见拙作《货币长城》),目前负债已经超过年产值,这是早期战术"成功"的沉重代价,这是一个战术选择不能替代战略选择的经典案例,是金融战役学中,广义决策论必须介绍的一段真实历史。

假设一个年人均2500美元的国家,以9%的平均速度发展实体经济,8

年翻一番，40年增长31.4倍，约78523美元，这与依靠高物价、高汇率、高虚拟交易额制造的不可持续的虚拟增长不可同日而语，前者是物理世界的客观反映，后者是虚拟经济制造的金融战骗局。19世纪所谓"学习日本财阀模式"的说法，有着复杂的历史背景，有积极的一面，但同时也银行家的"计中计、骗中骗"。

二、萨摩武士集团的"英雄谱"

（一）岛津久光（1817~1887）

岛津久光是萨摩武士集团的实际首领，也就是鹿儿岛藩的实际藩主，也称"萨摩藩"，后来的萨摩武士集团所指几乎包括了整个九州，根子在萨摩藩，故有此称谓。岛津作为苗字，出现于12世纪的镰仓幕府时期，到了19世纪，已经"五百年前是一家"了，岛津久光到底是不是岛津一门，有争议（参考文献：（日）三木靖著.萨摩岛津氏.日本：人物往来社出版.1972）。

他出生于鹿儿岛，出入主要在于：

说法1：1817年10月24日，出生于齐兴家，是第五子，他此时叫"岛津久光"。

说法2：1818年3月1日被种子岛家的种子岛久道抱为养子，他此时叫"种子久光"。争议就在于，他是否是藩主（岛津）齐兴家族的儿子，这是一个历史疑案。他上门入赘一个大户（岛津）重富家，娶千百子为妻（1836.2），然后加入鹿儿岛的"政治圈"。实际上是1828年2月，岛津齐兴给这个10岁的小孩赐名"岛津忠教"，这就是后来"到底是谁的养子"问题的由来。

这个"归宗"的岛津忠教和本家嫡子岛津齐彬开始争夺"继承权"，双方各不相让，惊动了幕府，也超出了岛津齐兴的控制，故此岛津齐兴1851年正式"归隐"，然后嫡子自然获得了更多的支持，但岛津齐彬1858年就死了，且绝嗣，奇怪的是据说他临终传位于对手岛津久光的儿子岛津忠义，并托孤于岛津久光。这种说法，不太合情理，但可能是真的，也可能是"败战离间父子之计"，或为"伪托"，都无法考证真伪，因为这都来自岛津久光。

岛津久光迅速与欧美金融资本展开合作，这种合作早就开始了，不过藩主正统嫡子岛津齐彬并不很积极，可这个"障碍"已经不存在了。萨摩藩迅速"强盛"起来，代价是日本人民要被国际债权人驱使——背负永远

财阀的魔杖——日本金融战役史

还不清的"奇怪债务",最终的结果就是日本虽然"强国"了,日本人民却进入了一个半封建半殖民地的时代,而且还具有政教合一的特征,强调"日本神道"与"武士道",强调统治者是神,"不听话"就是"违反神的意志",这比江户王朝的世俗封建体制的组织形态,还要稍稍落后一些。

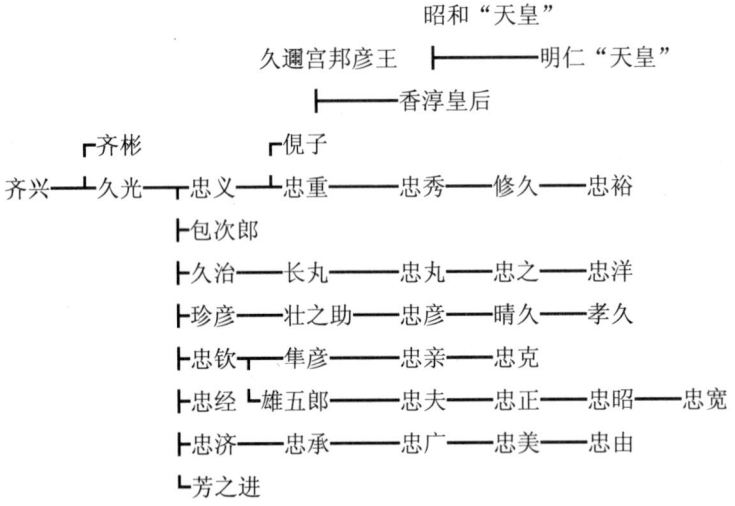

```
                        昭和"天皇"
                  久迩宫邦彦王 ├────── 明仁"天皇"
                           ├──── 香淳皇后
              ┌齐彬        ┌倪子
    齐兴──┬久光──┬忠义──┬忠重────忠秀────修久────忠裕
                   ├包次郎
                   ├久治────长丸────忠丸────忠之────忠洋
                   ├珍彦────壮之助──忠彦────晴久────孝久
                   ├忠钦──┬隼彦────忠亲────忠克
                   ├忠经  └雄五郎──忠夫────忠正────忠昭────忠宽
                   ├忠济────忠承────忠广────忠美────忠由
                   └芳之进
```

说明:这是萨摩武士集团岛津家族的亲属简表(省略了"岛津"苗字),"久光"即"岛津久光"(萨摩藩摄政),后与儿子"岛津忠义"(实际的萨摩藩主)分家,从这个脉络,可以粗略看出岛津家族与萨摩武士集团对日本的影响力。(资料来源:维基百科"岛津久光"词条[DBOL]:

http://zh.wikipedia.org/zh-hans/%E5%B2%9B%E6%B4%A5%E4%B9%85%E5%85%89)

(二)东乡平八郎和乃木希典

图片说明:(左)岛津久光(1817~1887)的画像(原田直次郎绘制,约19世纪末),萨摩武士集团的首领;(中)东乡平八郎(1848~1934),萨摩武士集团中缔造和

第三章 金融决战前的"人脉"布局

控制日本海军的核心人物；（右）乃木希典（1849～1912），萨摩武士集团中缔造和控制日本陆军的核心人物（这张图片被传说拍摄于1912年9月13日，这种说法的目的在于宣扬乃木希典"杀妻殉死"之前的"镇定自若"，实际乃木希典野心很大，政治投机性很强，乃木希典夫妇惨死和绝嗣，有着深刻的跨国背景）。

此二人被称作"日本军神"，是萨摩武士集团分别控制和缔造日本海军和陆军的核心人物，服务于跨国垄断金融资本代理人集团，把日本引上了不归路。

（1）东乡平八郎（1848.1.27～1934.5.30）

在那场英国"舆论"和萨摩藩"舆论"都宣称胜利的"英萨战争"中，那个神奇地打败了英国特混舰队的萨摩藩炮手，后来突然成了日本海军的缔造者。他在1894年7月25日，以日本"浪速"号战舰舰长身份，不宣而战，偷袭清朝运输船"高升"号，屠杀落水人员700余人，寡廉鲜耻，虚报战功，从此成了"日本海军"的代表人物，后为一等侯爵、日本"帝国海军元帅"。他在日俄战争中，与德国出生的光照会会员美国海军的尼米兹在美国军舰上饮酒密会。切斯特·威廉·尼米兹（1885～1966）就是后来第二次世界大战结束时，于1945年9月2日代表美国在日本投降书上签字的美国海军上将。

（2）乃木希典（1849.12.25～1912.9.13）

萨摩武士集团（"倒幕四雄藩"）之中的长州藩（也是萨摩武士集团的核心）下等武士，是萨摩武士集团建立和控制日本陆军的核心人物，"军神"之一，陆军上将，"皇孙"裕仁（即后来昭和"天皇"）的启蒙师，被吹捧为日本法西斯"帝国"的"圣将"、"武圣"。但是此人长于政治，短于军事。后来的日本右翼文坛的司马辽太郎（1923～1996），这个笔名的意思是"赶不上司马迁"之意，岩里政男的密友，真名福田定一，第二次世界大战时为日本坦克兵，1945年随众投降，司马辽太郎评他为"愚将"。

他在出发侵略中国之时，写了一首歪诗："肥马大刀无所酬，皇恩空沿几春秋。斗瓢倾尽醉余梦，踏破支那四百州（1894）"，他侵略中国旅顺屠平民而邀功受封"帝国男爵"，扬名日本军界，实为怪事一件。他一手导演了人类历史上惨绝人寰的旅顺大屠杀，罪恶滔天，以屠杀旅顺数万军民泄愤冒功，残暴无耻，人格异常初露端倪。

英国人艾伦在他的《龙旗翻卷之下》中写道："日本兵追逐逃难的百姓，用枪杆和刺刀对付所有的人；对跌倒的人更是凶狠地乱刺。在街上行走，

财阀的魔杖——日本金融战役史

脚下到处可踩着死尸。""天黑了，屠杀还在继续进行着。枪声、呼喊声、尖叫声和呻吟声，到处回荡。街道上呈现出一幅可怕的景象：地上浸透了血水，遍地躺卧着肢体残缺的尸体；有些小胡同，简直被尸体堵住了。死者大都是城里人。""日军用刺刀穿透妇女的胸膛，将不满两岁的幼儿串起来，故意地举向高空，让人观看。"美国《纽约世界》记者克里曼于11月24日（日军攻占旅顺后第4天）从旅顺发回国内的一篇通讯中说："次日（11月24日）我与威利阿士至一天井处，看见一具死尸。即见两兵屈身于死尸之旁，甚为诧异。一兵手执一刀，此两人已将尸首剖腹，剖出其心。"英国法学家胡兰德在他的《关于中日战争的国际公法》中说："当时日本官员的行动，确已越出常轨。他们从战后第二天起，一连4天，野蛮地屠杀非战斗人员和妇女儿童。在这次屠杀中，能够幸免于难的中国人，全市中只剩36人。而这36人，完全是为驱使他们掩埋其同胞的尸体而留下的。"（文献引用：郑彭年著.甲午悲歌.北京：中国社会科学出版社.2000）

侵略者乃木希典在中国台湾"日本帝国台湾殖民总督"期间，贪腐无能，变态嗜杀（参考文献：黄昭堂著."台湾总督府".中国台北：前卫出版社.1994），可能由于受伤，杀人太多，恶念难抑，开始出现畸形的"悲观厌世"的情绪，甚至说过："（日本侵占中国台湾岛）就像一位叫花子讨到一匹马，既不会骑，又会被马踢"。此后，日俄战争期间，他躲在舒适的前线指挥部里面，灵机一动，发明了一种"神奇"的战法——支援火力不用来火力支援，而用来驱赶日本士兵冲锋，开了用"火力打击自己士兵"的"先河"，史称**肉弹战法**，然后自己在山上给自己竖了一块纪念碑，并题诗："尔灵山险岂难攀，男子功名期克坚，铁血复山山形改，万人齐仰尔灵山"，野心膨胀可见一斑，并以此邀功受封伯爵，这种公开屠杀自己士兵的无耻现象在日本军界形成了一种习惯，世所罕见。

日俄战争期间，他自我吹嘘，但日本军界颇有微词，他只好假装请辞，明治"不准"，把他保下来了，主要是想拉拢萨摩武士集团的核心人物，保护个人安全。1912年9月，明治"天皇"突然去世，他感觉失去了最重要的庇护者，唯恐被同僚追究，心理压力很大。1912年9月12日，传闻他突然失控，杀妻后自杀。但这是普遍的说法，被传作"殉死"，乃木夫妇究竟被谁所杀，还是如传自杀，不得而知，是一个历史谜案，且他的4个孩子都没有后代，乃木家奇怪地绝嗣了。

这很可能与跨国垄断金融资本不满意一个萨摩集团的军中大将被"天

皇"拉过去,实际上在明治突然死亡之前,萨摩武士集团已经挑好了一个孱弱的人选,但也有可能是"装疯自保"的厉害角色,即"大正天皇"上台,各方势力感觉大正会比明治"听话"。

图片说明:(左1)新渡户稻造(1862～1933);(左2)西乡隆盛(1828.1.23～1877.9.24);(左3)大久保利通(1830.8.10～1878.5.14);(左4)木户孝允(1833.8.11～1877.5.26)。西乡隆盛、大久保利通、木户孝允不仅是萨摩武士集团的核心,也是"倒幕四雄藩"的核心,同时还是跨国垄断金融资本在日本金融代理人集团的核心,是"明治维新"时代的缔造者和执掌者。史称"日本维新三杰"全部"去世",被更加顺从的吉原重俊、新渡户稻造、夏目漱石、福泽谕吉等精心培养的银行代理人,也是"央行集团"所替代,避免了萨摩武士集团实力派人物的"尾大不掉"。这不是他们个人的悲剧,而是代理人集团个人利益与代理人体制巩固需求之间的不可调和的矛盾——金融僭主唯有不断扶植新的代理人,消灭旧的代理人才能让金融僭主体制得以稳固。罗思柴尔德家族深谙此道,因为美第奇银行、洛希尔银行都分别是古威尼斯银行家集团和德国古光照会金融资本的代理人,然后都把代理的资本家族化了,这个"成功经验"也是"铁的教训"(罗氏在"北美第一央行体制"失控后是无奈的),跨国垄断金融资本永远也不会忘记,代理人资本集团却一直缺乏了解这段历史所需要的时间和"心情"。

(三)新渡户稻造(1862～1933)

新渡户稻造是萨摩武士集团的"新生代人物"中的佼佼者,是日本"武士道"理论的"诠释者",甚至是缔造者(因为"武士道"实际是"舶来品",日本战国时代以后,也就是江户幕府被萨摩武士推翻之后,才真正"兴旺"起来,故此缺乏"理论著作")。他参加了洗礼,是一个"耶稣会"成员。这里有一个严肃的宗教界定:不论是梵蒂冈"天主教廷",还是欧美各国"新教"都反对自杀和杀人,而"新武士道"崇尚杀人,把追求"死"作为"新

财阀的魔杖——日本金融战役史

武士道"的"最高境界"和精神内涵。新渡户稻造，这个日本"耶稣会"的代表人物，却缔造了"新武士道"的谬论，不了解"耶稣会"的历史，就会感觉"很奇怪"。

日元体制和日本央行都是国际金融资本建立和拥有，对新渡户稻造很赏识，他是国际银团通过克拉克博士建立的"日本农业学校"精心挑选的早期的代理人之一，入学第二年他加入"耶稣会"（1984~2004年，日本银行券5000日元纸币上印刷的人物，就是新渡户稻造）。大约在1899年，新渡户稻造在美国宾夕法尼亚州休假期间，写出了第二次世界大战期间的日本法西斯奉为"武士道现代经典"的《武士道》。这本书的日英双语都是用他的署名发表的，英语版为《武士道·日本人的精神》，新渡户稻造可能只是这本在美国秘密炮制的小册子的策划者之一，这是一场带有鲜明民族历史心理学特征的金融心理战，一个完美的社会心理控制和诱导案例。这本书是"新武士道"的理论基石，也是"新武士道"体系唯一的理论著作，却来自美国，很多人不了解这一点。

这本书从美国输入日本，对日本社会影响深远巨大。这本"新武士道唯一的理论书籍"满目荒唐，其所崇尚的切腹模式，在日本千年的战国时代并不存在，虽然日本影视和文学有很多这样的描写，但不等于历史。新渡户稻造说："武士道类似西方的骑士道，是高尚的道德，切腹与复仇并非野蛮，武士参透死亡，不要自己的命才能要他人的命"——"不要自己的命"而"切腹"谈不上"高尚的道德"，顶多是"不珍惜生命"，因为自己"不要自己的命"了，就有杀人的"权力"了吗？杀人就是"高尚的道德"了吗？这是胡说八道，信口雌黄。这种美国舶来的"新武士道"理论，扭曲了日本的武士精神，让19世纪末的日本走上了军国主义不归路，给日本人民带来了深重的灾难。

新渡户稻造是萨摩武士集团参与组建"日本帝国大学"的核心人物之一，日本世袭政界、军事、情报、金融、学界人物，全从此出，个别出自国际银团建立的"早稻田大学"，但是要"差一等"。他也是光照会，罗思柴尔德的银行代理人、美国外交协会缔造者、光照会会员、英国秘密情报局的缔造者之一、美国得克萨斯州州长、总统顾问豪斯上校建立的"国际联盟"日本事务局次长，美国没有加入"国联"，同期由摩根财团控股的国际清算银行体系，也只是一个体系，相关内容请参看"德国卷"、"美国卷"。他还是东京女子大学的缔造者，日本侵华的"半公半私"金融情报机构"满

铁体制"的缔造者之一。"满铁"是20世纪初日本的情报机构,组织构架类似于华尔街,尤其是对华体系,基本控制在国际银行家集团手中,所以"关东军"和"满铁"连"日本军部"的话都不听。1933年,新渡户稻造在参加一个太平洋会议的回国途中,"突发急病",暴毙于加拿大温哥华维多利亚医院,他的美国妻子玛丽伴其左右。

(四)罗思柴尔德家族与"日本的武士道"思潮:"J·M·W·Silver"的秘密

萨摩武士集团,早期就是以萨摩武士,也就是"耶稣会"登陆日本的鹿尔岛武士集团为核心的"倒幕四雄藩",后期是一个长期把持日本权力的世袭政治集团。

"新武士道"的"思潮"在19世纪的日本影响很大,人们都误以为是**"日本武士兴起的伴生产物"**,实际却是战国时代彻底结束后,武士阶层被明令禁止后,才出现的一种有别于"传统武士道"的"新武士道"。

"新武士道"的奠基理论,就是诞生于美国宾夕法尼亚州的《武士道》,第二次世界大战期间被广为宣传,日本人民不知道这本《武士道》成书于美国的宾夕法尼亚州,是"舶来品"。

"武士道"这个词汇出现于战国末期的江户时代,主要提倡对上忠诚,对下宽厚,"自杀、杀人、求死、死狂"等说法虽然有,但幕府并不提倡,因为宣扬这种论调对于一个武士阶层已经尾大不掉的社会无疑是一种危险。"武士道"本意就是武士阶层的道德,并不是后来意义上的"新武士道精神"那种追求滥杀、切腹"光荣"的"内涵"。

萨摩武士集团推翻了江户幕府,终结了日本战国时代,也精心从法律、经济等多个层面,全面摧毁了日本的武士阶层,这也引发了武士阶层的激烈反弹,导致了战争和萨摩武士集团的分化。"新武士道"在日本武士阶层消失后开始粉墨登场,"切腹、自杀、滥杀、死狂"等病态内涵主导的"近代武士道"才逐渐替代了"传统武士道"。日本人民为什么没有注意到这是个"舶来品"和传统武士精神的不同呢?

1.日本战国末期,小国林立,识字率极低,信息闭塞,从美国传来的《武士道》手册和许多日本风格的版画在萨摩武士集团取得政权后,即19世纪开始大量涌现,人们很难分辨这些看起来"明明就是日本文字和绘画"的"主流意识形态"是否来自日本。

2. 萨摩武士集团背后的欧美金融资本,巧妙地利用了江户时代中期《叶隐闻书》(1716),宣扬的一些病态思想,问题是——谁也不知道"**山本常朝**"这个人的原书到底是什么样,19世纪"明治维新"时代,这本书的印刷本才开始流行,颇有伪托之嫌,根本无法证明原始书稿的内容——因为流传的都是19世纪明治维新后的印刷版,与来自美国《武士道》二书构成日本武士道,两本唯一的新旧理论经典,别无二家。

战国时代的武士绝大多数都没有听说过《叶隐闻书》,按照印刷版来说,原书也是18世纪日本战国末年的产物。即便不相信印刷版的陈述,也无法考证18世纪这本书写成时内容如何?都是个谜。明治维新时期的日本报纸、出版社、大学都由英美银行家集团出资建立,故这也只能是一个历史疑案,有待考证,这里不做结论。

3. 罗思柴尔德家族手下有一批专门"制造""日本武士道文化"的学者,最典型的就是《武士道》这本书,在美国最开始可能就是英语,然后翻译成日文,具体谁先谁后不详,署名都是新渡户稻造。还有一些艺术家,包括:日本画大师英国军官"银先生"(J.M.W.Silver,即"Jacob Mortimer Wier",生卒不详)、英国日本画大师查尔斯·瓦格曼(Charles Wirgman,1832~1891)、月冈芳(日)、希腊裔英国摄影家菲利斯·巴图(Felice Beato,1833~1907)等。菲利斯·巴图背景极为复杂,是个听命于跨国金融资本,但又游走于各种组织"边缘"的厉害角色。

图片说明:(左)1867年英国出版的《日本习俗素描(Sketches of Japanese Manners and Customs)》的封面,这是"日本战国"时代末期,英国"仿古"的"武士道"作品和绘画的典型,包括月冈芳等一大批此时的仿古、仿日绘画,宣扬、推动了一个"新

第三章 金融决战前的"人脉"布局

概念"的"新武士道",同时却湮灭了日本的武士精神和武士阶层。"新武士道"宣扬兽化、奴化、反道德化、反传统化和民族虚无化的"脱亚论"相互唱和,严重打击了日本民族的自信与独立,制造了一个民族自卑感导致的"武士道军国主义浪潮",彻底否定了日本人民勤劳勇敢、积极向上的文化传统,制造了一个欧美金融资本可以任意"调整"的"伪日本文化"。

（右）图中坐着的人,右边的老年男女是埃蒙德·罗思柴尔德夫妇,是"东京太平洋有限公司"的主席,这是他1925年参加的一个"犹太复国运动"的秘密聚会,主持会议的是一个银行情报人员。埃蒙德·罗思柴尔德一般自称"埃德蒙·吉米",Edmond James",被当时媒体宣扬为"慈善家"、"社会活动家"、"保护艺术和文化的人",很多人不知道他姓罗思柴尔德。他的活动范围遍及全世界,日本"新武士道"思潮与埃蒙德·罗思柴尔德、神秘的"东京太平洋有限公司"有着深刻的关系。该公司名称混杂着荷兰语"Tokyo Pacific Holdings N.V.",而早期对日本进行金融渗透的就是尼德兰犹太金融资本,故此日本早期很多译法都用的是荷兰译法,比如福泽谕吉首先学习的是荷兰语,不是英语,"N.V."是"naamloze vennootschap",也就是荷兰语"有限公司"的意思。

这样一批优秀的,却不为人知的大师级的人物,在明治维新时期,影响和主导着日本的文化走向,专门"炮制""日本武士道文化",弄得很像古代的东西,实际不是。由于篇幅,这里就不专门逐一介绍,仅举一个人物案例,"J.M.W.Silver",银先生（"Silver"直译为"银"）。

"J.M.W.Silver"此人是一个英国军官,但更类似于一个很自由的情报人员,而不仅仅是普通尉官。他是一个和萨摩武士集团接触很深,又不显山露水的神秘人物。他在英国和日本炮制了许许多多"武士道"的仿古版画,内容包括切腹、杀人等,艺术造诣很高,特别像是日本古代作品,但的确出自他手,单论艺术,他是大师级的人物。比如,本书中日本武士切腹的版画,非常传统,实际是他在19世纪画的,不是日本古代的东西。此人主要活跃在"倒幕前后",然后就神秘消失了,下面是他的一封信,因为附录于版画集中,故此得以流传。

亲爱的埃蒙德先生:

这些有关日本风俗的素描和绘画,是1864~1865年汇集而成,那时我还在日本为英国皇家海军服务。我很高兴有这样一个荣耀,把它们交给我的朋友和父亲的老战友。

考虑到您对我的无私援手与知识传授以及我们之间的友谊,把这些卑

财阀的魔杖——日本金融战役史

微的作品奉献给您，以便了解那些遥远神秘的人们，让我感到很满意。奉上我的敬意与尊重，此致。

亲爱的埃蒙德先生。

您最忠诚的思维特

J.M.W·思维特　1867年1月29日

这封信是"银先生"给"埃蒙德先生"，"Sir"在当时特指有爵位的人，不是后期那种"模式化"泛指"先生"的用法，又提到了"老战友"，故此人们一般认为这封信是写给从男爵，也称准男爵，比男爵低，比骑士高，但也有例外，这里就不细说了，团长埃蒙德·萨德恩·弗莱杜克斯（Colonel Sir Edmund Saunderson Prideaux，BART）。

"日本习俗素描"1867年在英国出版，出版商正是吉米·罗思柴尔德男爵，也是埃蒙德·罗思柴尔德的跨国文化公司——"东京太平洋有限公司"。19世纪中叶，他是董事会主席。

吉米·罗思柴尔德男爵，James Mayer de Rothschild，是史称"梅耶五箭"中罗思柴尔德家族在法国的"掌门人"，是梅耶·罗思柴尔德的小儿子（1792～1868）。埃蒙德·罗思柴尔德是吉米·罗思柴尔德男爵的儿子，梅耶·罗思柴尔德（1744～1812）的孙子。

埃蒙德·罗思柴尔德（1845～1934），出生于法国，是罗思柴尔德家族的政治精英，主管家族跨国金融情报机构，据传"毕生投身于艺术和绘画，不参与金融事务"，却是"犹太复国思潮"的重要推动者，他娶的也是本族女性阿德莱德·罗思柴尔德，即威廉·卡尔·罗思柴尔德的女儿。他非常不简单，是一个活跃于欧美各地的"活动家"。

"银先生"这措辞极为谦卑的信，到底是给谁的，只能说是一个谜，这封附录于版画集的感谢信件，写给出版机构董事会主席的可能性很大。因为没有罗思柴尔德家族的支持，这种昂贵的彩色套印，并严格按照日本古版画传统工艺套印很难出版。因为版画固然精美古朴、"银先生"的艺术造诣也令人钦佩，堪比日本古画，但成本极高，肯定是赔钱的，而且不是赔一点，问题是从此人们再也很难弄清这些"切腹"的版画到底来自何方，这些"英国的绘画"从此成了"日本的武士道文化"的"固有精神"，影响很大。

第三章 金融决战前的"人脉"布局

(五)《最后的武士》、西乡隆盛、西南战争

1.《最后的武士》

图片说明:

(左)是电影《最后的武士》中机枪扫射武士集团,最后冲到前面的几个人也被射杀。

(右)是月冈芳(1839~1892)1879年绘制的《鹿儿岛暴徒出阵图》。这些被射杀的萨摩武士,很多是"征台"的侵略者,但他们最后被消灭。

这场战争的死亡人数有争议,最少的说法是6000~7000人,但也有90%阵亡和电影中全部被机枪射杀的说法,如果这是真实的比例,那么西南战争鹿儿岛武士被英美军官训练和直接指挥的"日本新军"射杀的萨摩武士人数可能接近3万人,还不包括"自尽的家属和自尽的伤者",具体数字是一个历史谜案。"西南战争"是武士氏族"起兵"事件中的一次代表性的"战争"。

萨摩武士虽然有历史过错和局限性但他们就是日本军队的主体,是"倒幕"和"明治维新"时代的主力军,对日本历史来说,不能简单地说是"叛军"或"暴徒",这是不客观的说法。西乡隆盛等人认为"奸臣"联合外国势力控制了国家,故此提出"清君侧",但最后被"外国军事顾问"控制的日本"新军"用机枪压缩到一个很小的战场区域全部消灭了,《最后的武士》这部电影就反映了"外国军事顾问"训练并直接指挥消灭了"叛乱的日本武士军队"的过程,这是日本历史上很诡异的一幕。

必须说明一点,这里有关西乡隆盛的说法与日本史书的正式陈述不同。**日本史书的正式说法是——西乡隆盛造反,兵败被杀。**因为西乡隆盛名誉很高,天皇后来恢复了他的名誉,但此战的性质就"模糊"起来,如果进行严格的史学界定,依然是谋反,这一点很明确。

2003年,爱德华·兹维克(Edward Zwick)用很华丽的演员阵容,推出了一部电影《最后的武士》,故事背景是1876~1877年的"西南战争",也就是萨摩武士被消灭的过程,宣扬"武士道"。这听起来有点奇怪,"萨摩武士集团"不是近代日本的奠基者吗？

实际上，萨摩武士集团是一个以鹿儿岛耶稣会集团为首的日本金融代理人集团，"倒幕四雄藩"内部的日本武士集团虽然被跨国资本利用，但最后也被彻底消灭了，过程很残酷，没有电影宣扬的"荣誉的自杀"。实际上就是萨摩武士集团上层把大量萨摩武士压迫到一个区域，然后用机关枪把所有人杀死，人数最少也过万。所谓的"光荣的切腹"是在最后一次利用萨摩武士的冤魂，这是一个"难堪"的历史事件。

电影里面有一个参与"西南战争"的美国上尉杀了萨摩武士，被杀者的妻子跟随了强大的"美国上尉"，如果这就是"武士道"，那么这是对日本人民欺骗，对日本古老武士传统的亵渎。

2. 西乡隆盛

西乡隆盛（1828.1.23～1877.9.24），是萨摩武士的代表人物，他是岛津家族的心腹，也是"明治维新"时代的功臣。他惊讶地发现武士阶层在整个日本都趋于崩溃和破产，甚至法律上都被禁止，大多失去生活依靠，下层武士家人生活普遍非常悲惨。"新武士道"思潮就是为了掩盖这个历史真相而制造出的一个"仿古文化"，让萨摩武士集团成为"日本民族利益的捍卫者"，这是一个角色转换。

萨摩武士集团与萨摩武士，换句话说，与日本武士阶层与民族利益都有一定的冲突，他们只是在出演"武士阶层的代言人"和"日本民族利益的代言人"，当日本战国时代最后一个幕府江户王朝被推翻后，占日本人口7%的武士阶层突然发现他们即将被消灭——真正代表他们利益的德川武士家族和幕府被消灭了，这才引发了"西南战争"，西乡隆盛的"造反"很大程度基于同情，岛津家族实际上表示了"很大程度的中立"。

古琉虬简史

目前日本的冲绳县，古代一直是中国的"藩国"，"琉球"这个词汇，也有演变，古语的词汇很美，隋朝时期叫"琉虬"——即"琉璃那样美丽的龙"，象征着琉虬地区修长的群岛特征。爱国学者闻一多先生《七子之歌·台湾岛》里写道："我们是东海捧出的珍珠一串，琉球是我的群弟我就是台湾"，此时琉球岛已经被日本萨摩武士集团武装占领，也就成了"琉球"，后取名冲绳。**古代，琉球人就是中国人，也说中国话。**"琉虬者，南海胜地也，以舟楫为万国津梁，异产至宝，充满十方刹，地灵人物，远扇和夏仁风"，这段话源自"万国津梁钟"（1458），至今还保存在"日本冲绳县博物馆"。

第三章 金融决战前的"人脉"布局

1609年,萨摩藩桦山久高偷袭琉虬,烧杀劫掠一番后跑掉了,顺手把琉球国王尚宁(姓尚)抓到日本去了。这时,明朝衰落,清朝的兴起只是相对于崩溃的明朝而言,实际上是一个集封建王朝弊政于一身的"最后一朝",贪污、卖官、受贿、枉法分别以规章制度和法令的形式公开出现,这是封建王朝成熟的标志,但也预示着封建王朝的必然灭亡。

清朝皇帝开国者只知弓马,外勤政、内庸怠,后世子孙大多志大才疏,康熙弄权、雍正淫乱、乾隆奢靡,这一段时间还被称作为"康乾盛世",实际上康乾时期割让领土远超过慈禧乱政时期,其他君主最低限度的评价也是"平庸"。圆明园固然奢华集世界之美,也集民间之苦,泱泱国本早已动摇,哪还有气魄和胆识顾及海岛领土呢?但是琉球却忠心耿耿,虽内乱频繁,却一直使用明清年号,世袭的地方官每次都主动找到明、清朝廷,以求册封。《明史》提到琉球多达171次,超过一些内陆省份的记录。

萨摩武士集团一直对琉球进行抢劫骚扰,迫使琉球缴纳"岁币",也就是"保护费",竭泽而渔,18世纪琉球都没有铜币可以流通了,可见劫掠之残酷。这时日本还比较弱小,不敢挑战清王朝,一切行径近乎海盗和土匪,因为明末清初,战乱不止,故此就出现了一个100多年的"权力混乱"时期。

1874年,西乡隆盛已经是日本"明治维新"的"大人物"了,是萨摩武士集团内部真正的武士氏族阶层,可他发现自己要成为被消灭的对象,是猎物而不是猎人,心生矛盾和恐惧,就有了离开日本割据一方的念头。他借口一伙日本海盗侵袭中国台湾被消灭的事件("牡丹社事件"),出兵中国台湾岛。本来,这肯定是惨败,西乡隆盛的由此割据避祸,也就成了泡影,后造反被杀。但李鸿章主导清朝军政事务,他是罗思柴尔德家族在清朝的秘密合伙人,很有可能已经加入了光照会,他与罗思柴尔德家族秘密合伙的文献,至今还保存在洛希尔银行的家族档案中,几年前才解密。李鸿章"出人意料"地签署了一个赔偿50万两白银的《中日北京专约》(1874.10),助长了日本侵华派的气焰,开了与日本签订不平等条约的先河。

日本发现清朝如此不堪,1875年就派内务大丞松田道之到琉球,强迫琉球取消与中国的"藩主关系",还要求琉球开始使用日本年号。但是,琉球国王尚泰,军民一心,不予理睬。日本恼怒,1879年3月,还是由内务大丞松田道之偷袭尚泰住所,秘密逮捕,然后押往日本,最后全家被秘密处死。

财阀的魔杖——日本金融战役史

尚泰此间一直不断地向清朝上奏章,"**泣请援球,救倾覆之危**",最后发展到尚泰的亲信通事林世功,在北京死谏,希望以自尽的悲壮行动,打动主管清朝军务的李鸿章和麻木不仁的清朝王室理解"问题的严重"。卖国贼李鸿章竟然找到了秘密来华的美国总统、共济会会员格兰特"居中调解",结果可想而知。日本提出把琉球南北分割,北部归日本,南部归中国,以此形成了所谓的《球约专条》(1880.10)的草约,不过清朝也有人看出这个"调解"实际上是"把清朝被侵占的领土归还一点,换取清朝承认被侵占领土的合法化"。这是一个侵略骗局,清朝没有签字,琉球到此依然归中国所有。甲午战争,中国战败,李鸿章干脆割让了台湾岛,但没有包括琉球,故此这就是一个被侵占的领土。(参考文献:"万国津梁"的倾覆——琉球的灭亡.新华网刊载: http://big5.xinhuanet.com/gate/big5/news.xinhuanet.com/mil/2008-03/11/content_7762924.htm)

第二次世界大战日本战败了,1947年4月,联合国通过《关于前日本委任统治岛屿的协定》,暂时由美国"托管"琉球群岛,不是归美国,是战乱初定,由战胜国就地代管。

1972年,美国将托管的琉球群岛移交日本。(参考文献:王幸福.蒋介石后悔拒收琉球群岛.新华网刊载: http://news.xinhuanet.com/politics/2008-01/16/content_7428667.htm)

3. 西南战争

西乡隆盛这个人物具有两面性,一方面他残暴愚蠢,是扩张侵略的主力军;另一方面他又是日本民粹势力的代表人物,是日本战国武士阶层的缩影。他发觉"明治维新"的结果是要摧毁日本武士阶层,这个"明治维新三杰"之一的萨摩武士,不仅面临美英金融代理人集团的政治打压。同为"维新三杰"的萨摩武士大久保利通(1830~1878)等英美银行代理人,也面临死亡威胁。他"征台"(1874)后的1877年,萨摩武士的经济地位和法律地位已经日趋恶化,这不是指岛津家族为首的"萨摩武士集团",而是萨摩武士的中下阶层,这个看似矛盾的现象,深刻地反映了"萨摩武士集团"的实质与"利益归属"。武士们开始抢夺枪支弹药,试图保住自己的地位,西乡隆盛这个率领萨摩武士打败了江户幕府的"当家人",遂开始领导这些人。电影《最后的武士》里面,这支超过万人的武装,被萨摩武士集团雇用英美军官训练和指挥的机关枪联队全部杀死。

电影里面说的"很悲壮",据说西乡隆盛"切腹",这仅仅是传言,无

第三章 金融决战前的"人脉"布局

法证实,西乡隆盛死于这场战争,具体如何,说法不一。这个"切腹的荣誉"虚伪冰冷,是最后一次利用西乡隆盛。实际上这是一次有计划,有步骤地"萨摩武士集团"联手英美金融资本势力铲除日本武士的一次肮脏行动,岛津久光躲起来,"谁都不见",史称"西南战争"。

从此,日本武士阶层消失,却在武士时代的废墟上,凭空出现了一个"新武士道"和"萨摩武士集团"主导日本社会至今。

(六) 大久保利通(1830.8.10～1878.5.14)与"纪尾井坂之变"

西乡隆盛之死,反映了日本武士阶层,也包括萨摩武士的中下阶层,不理解"倒幕"的含义,而上演了一幕历史悲剧。江户幕府与日本武士阶层息息相关,本身就是一个武士的代言人,这是江户幕府时期武士阶层膨胀到占据日本当时人口 7%的根本原因。孝明"天皇"也反对"倒幕",绝不是胆小和糊涂,因为他不仅看出"萨摩武士集团"所谓的"大政奉还"(让江户幕府把政权交给孝明"天皇")是个阴谋,而且隐约感觉到问题的"极端复杂性"——岛津家族后来都被几个欧美银行的代理人排斥出了政治决策圈,包括岛津久光本人。在这个问题上,孝明"天皇"具有政治远见。

西乡隆盛关心扩张,目的不仅是一种"粗暴而错误的强国路线",而且要把日本武士阶层改造成国家军队的主力,这个策略很危险,但从传统武士阶层的角度来看"似乎"也没有错,也会减少很多不必要的社会矛盾,实际则为"转嫁矛盾",故西乡隆盛史称"征韩派" 大久保利通这些人史称"内正派"。

双方为什么最后要兵戎相见呢?武士阶层为什么反倒打了败仗呢?道理很简单:西乡隆盛要的是日本民族利益和日本武士氏族家庭的利益,大久保利通等人要的是英美金融资本的利益和代理人集团的利益,一个是要维护武士集团的传统利益,一个急于输出武士集团长期享有的社会利益,这个矛盾非此即彼。

所谓的"内政"与"征韩"之争,实际是建设日本民族产业体系,还是建立代理人工业体系之争,这是不可调和的两条道路之争——首要的"内政"就是要建立日本的"独立央行",这样罗思柴尔德家族就会主导日本的一切经济和金融事务。货币私有化导致日本的一切财富都被欧美跨国垄断金融资本广义拥有,日本爱国者是想由日本国家发行"藩札",替代各个藩主发行的"藩札",这根本就不需要一个所谓的"独立央行",由日本政府抵押国债

财阀的魔杖——日本金融战役史

来换取"日元货币数字",这种金融战骗局,日本上层非常清楚。不把西乡隆盛这种又爱国、又倔犟,又有兵权的武士铲除,如何建立"独立央行"体制呢?

西乡隆盛打了败仗,一点都不奇怪,这就和整个日本打不过美国4艘军舰,萨摩藩独自打败了英国7艘军舰一样,背后有一只手"看不见的手"在操纵。西乡隆盛只有大刀和弓箭,这才是那个"大败英军"的萨摩藩真正的武装,上万的武士不少了,大刀挡不住步枪,这里没有"壮烈",只有残忍;没有道德,只有"政治"。

西乡隆盛的叛军实力不弱,却轻易地被消灭了,日本武士集团受到了沉重的打击,紧接着浴火重生的"新萨摩武士集团"就建立了"独立央行",把日本的一切财富和控制权交给了罗思柴尔德家族。这就发生了著名的"纪尾井坂之变",也算是日本民族资本一次微弱的反击。西乡隆盛的部队至少有6000人被消灭,当时说他是造反,可没有人说他为什么要造反。

日本自己不发行货币,交给一个外国机构发行,日本政府搞"国债抵押"("债务货币骗局"和"独立央行骗局"),日本武士集团遭受重创……日本难道就没有人说这是叛国吗?不,当然有。1878年5月14日,岛田一郎、长连豪、杉本乙菊、胁田巧一、杉村文一、浅井寿笃在大久保利通上班途中,将其和保镖杀死。刺客们有机会逃跑,但却拿着事先写好的控诉大久保利通和一些高官叛国的"斩奸状"去自首,1878年7月均被当做"国事犯"秘密处死。

第四章

高端主导策略的全面胜利

一、福泽谕吉之论、夏目漱石其人、木户孝允之死

（一）福泽谕吉（1835~1901）

福泽谕吉此人，很是神秘，1万日元（1984~2004年）用的图像就是福泽谕吉。他的家族是很不得志的下层萨摩藩武士。父亲早丧，他不爱读书，就跟着外国翻译学习外语，开始是学荷兰语，成了日本第一批翻译演变的外国银行代理人。在"黑船事件"、英萨战争、所谓的"自由民权运动"等一系列事件中，都扮演了不引人察觉的核心角色。

"明治维新"以后，也就是萨摩藩武士集团打垮了江户幕府之后，日本民粹主义开始流行，这就出现了一个"征韩派"和"内政派"之争，然后就演化成了"日本自由民权运动"与"日本民粹主义运动"之争。本来，"武士道思潮"和"日本民粹主义思潮"就是萨摩武士集团煽动的一个政治运动，有着深刻的国际金融背景。但是，一个民族必有爱国之人，虽然这些"日本爱国者"的灵魂被"新武士道思潮"扭曲，走上了军国主义道路，害人害己，但他们至少在一定程度上，具有服务日本民族利益的成分。

另外，"天皇"被扶成了"天照大神"，却一直"身边无人"，就导致日本"天皇"利用萨摩武士集团制造的"天皇神道思潮"，拉拢一些萨摩武士集团的政客，乃木希典就是一个典型人物，这就让那段历史更加复杂化了。

萨摩武士集团的核心，是一个外国金融代理人集团，一心要建立一个"日本的独立央行"，以此对外输出日本民族利益，自己分得一杯羹，又不显山露水——对内成为世袭的央行股东，稳坐代理人"工头"的宝座。这一切却都发生在萨摩武士集团，也就是"倒幕四雄藩"为主的萨摩集团内部，你中有我，我中有你，斗争激烈，诡异难测。这里也不排除一些日本萨摩武士集团被金本位骗局所欺骗，没有认识到建立一个"独立央行"的

财阀的魔杖——日本金融战役史

真正性质和政治后果。

福泽谕吉在早期深深地卷入了"生麦事件"和"英萨战争",后期则开始贩卖"不成文宪法"理论,也就是限制日本缔造一部保护本国利益的宪法,而试图用"一系列的法案、惯例、判决"来替代"宪法"本身。"不成文宪法"只有以色列、英国等极少数国家采用,其他国家的宪法,都是指"成文宪法"。

他还是日本"自由民权运动"的推动者,不论初衷如何,实际是在日本制造社会动荡——因为这个"运动"出面的大多是武装斗争失败的传统武士集团的代理人,而打击的却是萨摩武士集团上层,属于利益之争,斗争的目的和结果并不重要,立场更是随意转换,这与战国武士阶层的传统有紧密的联系。这些武士集团的人,后来就是日本军国势力的核心,"和平派,不和平","爱国派,不爱国","自由民权运动"把日本搅得一团糟,结果就发生了"明治十四年政变(1881)"。

实际上并没有发生所谓的"政变",因为代理人集团虽然尾大不掉,试图摆脱国际债权人集团控制的代理人集团仅仅取得了"战术胜利",长期看日本19世纪的半封建半殖民化的军国主义趋势没有任何改变,甚至没有一条区分斗争双方的"分水岭",从战术来说,无所谓"对错之争"。真正背后较量的是两种同时存在于诸多政治人物头脑里面的矛盾:

1. 日本的未来是一个强大的服务日本民族利益的国家,还是一个"强大的"服务于"独立央行"为核心的跨国垄断金融资本集团利益的"国家",二者看似一样,实际大不相同,并且随着岁月的流逝,战略趋势南辕北辙。

2. 日本的一切实体经济的所有权,由以"天皇"和"萨摩武士集团"为首的政治集团"内部分配",还是用"独立央行"和"债务货币"的形式,全部交给"国际债权人集团"和日本金融代理人集团广义独享。本来这是一个世袭门阀还是世袭买办的角色选择,但最后日本却出现了一个世袭买办门阀体制——"独立央行"一手建立的"日本财阀体制",实际上是一个金融代理人体制。

19世纪末,这个斗争和矛盾,还未"尘埃落地",福泽谕吉几乎是一个与所有人都"断交"的特殊角色,他拥有大量的资金来源,开办学校和报纸,幕后操纵了日本舆论。比如,日本《时事新报》就是福泽谕吉的私产。1877年,他出钱组织了一个专门招募日本高级知识分子的神秘组织"明六社"以组织演讲"如何推动日本走向文明",直接插手日本政治路线的制

第四章 高端主导策略的全面胜利

定（参考文献：汪晖."琉球·战争记忆、社会运动与历史解释".广州：开放时代.2009，3），直到1901年脑溢血去世。

（二）夏目漱石与伦敦大学

1.夏目金之助

夏目漱石，真名"夏目金之助"（1867～1916），与福泽谕吉"齐名"，但实际地位"高于" 福泽谕吉。福泽谕吉仅仅是一个英美金融资本招募的中下层买办，夏目漱石则是一个高级的金融代理人，是"明治维新"以后，日本"道路"的规划者，作用类似于日本的"豪斯上校"，是萨摩武士集团站稳脚跟以后时期的"精神教父"。

夏目金之助先后用过"夏目子规"、"夏目漱石"等化名，夏目漱石用得最多，故本书沿用。夏目漱石是"新萨摩武士集团"成型时期的核心人物，第一萨摩武士集团，主要以萨摩藩为主，也就是"耶稣会"登陆日本的发祥地，也称"鹿儿岛藩"，今日本鹿儿岛地区，藩主岛津族徽就是"十字丸"。第二萨摩武士集团，主要是控制了九州的萨摩藩和麾下的"倒幕四雄藩"（萨摩藩、长州藩、肥前藩、土佐藩）。第三萨摩武士集团，最接近现代日本世袭门阀、世袭财阀体系，是一个排除了武士氏族势力，以第二萨摩武士集团为核心，由日本各地区依附力量为主要构成的跨国金融代理人集团。对于武士力量的清除有好几次，"倒幕"和"西南战争"是头两次，后面还有很多次，斗争很激烈，武士集团虽然是军国主义的核心力量，但也有制约外国金融势力渗透的一面，具有两面性。

2."常春藤"的秘密

很多人不理解"常春藤"的含义，实际是上一个光照会主导下的，服务于世袭金融僭主家族的，由欧美情报机构参与的跨国金融情报体系。"制片人法朗西斯·斯托诺·桑德尔斯在电视片中展示了在冷战最激烈的时候，美国中央情报局如何人为地在世界舆论中掀起一股吹捧波洛克、德·库宁和罗恩科等抽象表现主义创始人的浪潮。他说：当时以胡佛为首的联邦调查局网罗了一批比猩猩还愚蠢的情报人员，而中央情报局则另辟蹊径，在被称为"常春藤联盟"（是美国东北部哈佛、耶鲁、宾夕法尼亚等在社会、学术上影响较大的一批高等学府的统称）的几所大学里，特别是在耶鲁大学里，网罗了一批学者。这些学者认为，为了保护自由世界，在文化领域开展反共斗争的作用绝不小于制造核弹头的工厂。没有具象内容的抽象绘

画就会被他们看中，成了他们抵制共产主义宣传的最合适的工具"。（文献来源：钱海源.美术领域中的一场由来已久的争夺战.北京：作品与争鸣.2001，9）。

《坟墓的秘密》（参考文献：（美）亚历山德拉·罗宾斯，祁冰译."墓地"的秘密·权力的隐秘通道.北京：中信出版社.2005）这本书的英文书名是"Secrets of the Tomb: Skull and Bones, the Ivy League, and the Hidden Paths of Power"，本书中文译法遵循我国引进出版时的书名，原书名为"坟墓的秘密：骷髅与枯骨，常春藤联盟，和秘密的权力之路"，这个译法是笔者在写作《货币长城》时，参考该书时的译法，这里为了说明一些问题，给出作者原意。

所谓的常春藤联盟，包括英国常春藤和美国常春藤，整体是一个几十个英美大学和成员构成的跨国组织。经历了100多年，直到21世纪初才刚刚完成。19世纪主要是一个用来和苏格兰银行家争霸的"高端主导"的金融战工具，等到中央情报局介入后，性质就发生了变化。金融僭主只要扶植其中几个"校友"，其他校友就会被个人利益驱动，自发地在常春藤校友内部形成无数个亲疏不同的"同心圆"，最内部的一圈是一个服务于光照会、中情局、英国秘密情报局的高级跨国金融学术政治情报集团，最外层的一圈就是普通的学生和老师，最核心的领导者就是世袭金融僭主家族——主导着美联储董事会和欧洲央行董事会的罗思柴尔德家族。

（1）伦敦大学

"让所有因其价值而应得奖赏的人都来吧。"——伦敦大学校训（1826）

英国是苏格兰银行家集团的大本营，由于地理关系和"姻亲屏障"，一直独立于欧洲跨国垄断金融资本，也是19世纪唯一独立于德国法兰克福犹太银团之外的欧美跨国金融资本集团。它们控制着英国的大学，但是伦敦大学的出现却打破了这道"人事屏障"和"学术屏障"。

伦敦大学（University College London，UCL，有时被译作"伦敦大学学院"，此处简称"伦敦大学"）的名义建立者是英国节俭银行的董事长，银行家杰里米·边沁（Jeremy Bentham，1748.2.15~1832.6.6），他是英国自由主义运动的推动者之一。伦敦大学投资庞大，杰里米·边沁不过是个小康阶层的作家，英国节俭银行和伦敦大学的秘密出资者，肯定不是他。在19世纪初期的英国，有能力建立如此规模综合大学的金融资本集团只有苏格兰银团和罗思柴尔德家族。

第四章 高端主导策略的全面胜利

"International"也即是"跨国化",也被翻译成"国际化"。这个英文词汇就是杰里米·边沁的发明。英国早期的牛津大学、剑桥大学控制在英国苏格兰银团和英国新教教会手中,后来的伦敦大学(1826)、伦敦帝国学院(1907,实际就是"伦敦大学"的一个学院,2007年7月才正式独立出来)、伦敦政治经济学院(名义上是"韦伯夫妇"1895年建立,实际还是伦敦大学的学院,至今也没有独立),逐渐拥有了"跨国影响力",对英国政治格局的影响具有"决定性"作用。

(2)"费边社"

①历史背景

伦敦大学的名义创始人银行家杰里米·边沁,自称"社会主义者",而常春藤联盟又是金融僭主组建,由英美情报机构直接参与的反社会主义的冷战组织,这不是很矛盾吗?实际上这只是表面现象。

19世纪,金融僭主体制在欧美普遍确立,工业革命给世界带来了无数的财富,却主要由金融僭主家族和代理人集团取得,英国失业遍地,被虚拟经济之火照亮的角落并不温暖。"金融危机之下,英国一些人破产后无力还债,竟把自己的肾脏明码标价,换钱抵债。26岁的詹姆斯·史密斯是男护士。破产后他不仅要偿还巨额债务,还要养活2岁大的女儿。重压之下他做出无奈之举:变卖肾脏。史密斯26日对英国《星期日泰晤士报》暗访记者解释说,他因生意破产背上约32000美元债务。"(参考文献:田栋栋.十余名英国人破产后网上卖肾还债.新浪网刊载:http://news.sina.com.cn/w/2009-09-28/160318745086.shtml)。

19世纪,英国工人运动如火如荼,社会主义运动逐渐成了世界性的理想和信念。苏格兰银团和德国法兰克福银团虽然有尖锐的资本兼并之争,但他们都是世袭金融僭主体制的既得利益者,非常恐惧社会主义思潮,又感到社会主义的历史潮流不可阻挡,社会主义运动不可逆转,就想用影响、渗透和歪曲、主导等金融战"悖逆选择"的方法进行破坏。银行家直接组织一些秘密的商业情报组织,对英国19世纪的社会主义运动进行破坏和主导。以银行家韦伯夫妇为首的光照会成员,出资建立了一个秘密组织"费边社",他们不仅是英国政界、军界的高官和神秘人物,而且背景极为复杂,应该是19世纪末英国最优秀的跨国秘密情报人员,专门破坏英国如火如荼的社会主义运动。这个"费边社"(Fabian Society),就是英国工党的由来。

②英国背景

"费边社"不仅是个秘密情报组织,负责对英国19世纪社会主义运动进行渗透和破坏,也是一个跨国金融情报组织,是光照会的分支,这是他们资金极为充裕的根本原因。"费边社"建立的政治经济学院是英国情报、政治、外交人员的"摇篮",对英国各机构甚至有"尾大不掉"的趋势,交织的"人脉"影响深远。[参考文献:A time-honoured tradition(由来已久的惯例).英国卫报:http://www.guardian.co.uk/educ-ation/2005/jun/27/highereducation.idcards)

"费边社"这个名字,源于古罗马的一个大将军费边·马克乌斯(Fabius Maximus,约前275~前203),他对于潮水一样涌来的敌人,采取诱骗、欺诈、不正面作战,逐渐消耗和破坏对手,直到最后把敌人控制住,这个针对英国19世纪影响日渐强大的社会主义运动的扑灭策略,就被"费边社"自己称作"费边主义"(Fabianism),也称"费边社会主义"(Fabian Socialism),后演变出了"民主社会主义"、"社会改良主义"等名目。20世纪又炮制出"社会福利主义"或"福利社会主义"、"社会民主主义(Social Democracy)"等新名字,都是指"费边主义",用来诋毁、搅乱和歪曲,与马克思的科学社会主义唱对台戏。"费边主义"是"费边社"成立时,凭空杜撰出来的"新英文单词"。

③国际背景

这个金融情报组织成立于1884年的伦敦,所谓的"费边社会主义"指用"费边一样的策略,用改良主义为诱饵,逐渐消灭社会主义运动",所以"费边社"又自称改良主义者,这两个"主义"都有点让人摸不着头脑,现在很少有人知道"费边主义"和"费边社"了,因为"费边社"很快就意识到这个提法不行,最突出的问题就是——"费边主义"没有号召力。英国工人根本就不知道谁是"费边·马克乌斯",这本来就是一个"说不出口的出处","费边社会主义"因此不好提了,也很拗口,就统称为"**民主社会主义**"(Democratic Socialism),故此"费边社",就组建了"英国工人党"(1900)。

④"玫瑰革命"的渊源与含义

"英国工党"的标志是英国本土不产的玫瑰花,请参看"德国卷"、"英国卷",理解了这一点就可以理解为什么"工党"前主席布莱尔会成为美联储一手建立的"欧盟"的"总统"人选。(参考文献:英国前首相布莱尔有

望成为首位"欧盟总统".中央电视台网站刊载：http://news.cctv.com/world/20091002/101730.shtml）。

理解了这一点，就可以理解19世纪《锡安长老会纪要》中所说的"我们在共产主义运动中有代理人"；就可以理解罗思柴尔德家族的代理人沃格家族的成员为何帮助列宁穿越德国国境；就可以理解伦敦大学这个英国情报政治金融的"人才基地"的建立者银行家杰里米·边沁，为什么自称是"社会主义者"，又为什么曾经与"空想社会主义"运动有紧密的联系。金融僭主不是在协助国际共产主义运动，而是试图采用"**费边策略**"进行接触、歪曲、影响，进行**软遏制**，从而"化解"19世纪如火如荼的国际共产主义运动，其本质是反社会主义，反共产主义，是在维护金融僭主的世袭特权，这一点曾经让很多人不敢过分批评光明会（共济会、光照会、骷髅会等一系列组织的总和泛称）运动，似乎有"投鼠忌器"之感，实际恰恰相反。马克思、恩格斯、列宁等人曾与国际金融资本进行了激烈和面对面的斗争，尤其是列宁超越时代地提出了"帝国主义理论"后，矛头直指跨国金融资本，当时很少有人理解，这不仅丰富了马克思主义理论体系，也深刻地推动了世界共产主义运动的健康发展。

⑤韦伯夫妇

图片说明：（左）男爵西德尼·韦伯（Sidney Webb，1859～1947），19世纪英国经济学家、银行家、政府高官、政治家、"社会活动家"、"英国工党"的实际缔造者、19世纪"**民主社会主义**"（即"**费边主义**"）机构、理论、组织的发明者、缔造者和始作俑者，"社会党国际"（也是社会民主主义国际）的缔造者、英国19世纪末的政治"教父"，英国早期金融情报组织"费边社"的缔造者，英国议员、历任英国殖民大臣、英国自治领大臣（Secretary of State for Dominion Affairs，实际是英国秘密海外军事情

报机构之一的首脑）、英国处理中东巴勒斯坦和犹太人事务的负责人，所谓的中东"犹太事务"属于情报领域。

他一直"表现得"很支持苏联，在英美歇斯底里的"反共浪潮"中，换个人早完了，他在英国却官运亨通，影响巨大。他与苏联早期的很多人物有关系，这可以让人们从侧面理解苏联肃反的复杂国际背景，因为他出色的"特殊贡献"，死后和英国王室一起葬于西敏寺。

（右）他的妻子男爵夫人比阿特丽斯·瓦伯（Beatrice Webb，1858～1943），"**民主社会主义**"（即费边主义）、"**费边社**"、"**伦敦大学·政治经济学院**"、"**社会党国际**"、早期"**社会党运动**"等一系列事物的共同缔造者、出资者和始作俑者，这很可能是一个化名。这个女子非常不简单，甚至背景比她丈夫还深。由于她的"特殊贡献"，与英国王室一起葬于西敏寺，非王室成员夫妇同葬于西敏寺十分罕见。英国王室也不是都有资格安葬于西敏寺，非王室的男爵夫妇同时安葬于此，至今唯此一例，在英国历史上众多情报首脑中也属殊荣，可从侧面看出这对"民主社会主义"的缔造者，对英美金融资本有多么大的"功绩"。

她的真实情况还要复杂得多，她是一个极为不凡的厉害人物，又不显山露水，本书点到为止。此二人建立了"费边社"、伦敦大学·政治经济学院，制定了一个消灭19世纪英国科学社会主义运动的系统策略——"民主社会主义"，又称"社会民主主义"，影响深远。

⑥"费边社"与"社会党国际"的历史与渊源

无独有偶，"民主社会主义"和"社会民主主义"是一回事。"费边社"在1923年成立了一个"社会党国际"——工党及社会党国际，标记也是一只手拿着玫瑰花，实际是用来破坏恩格斯、列宁等人建立的"第二国际"（1889）——这并不是"第二国际"的分裂，而是第二国际的成熟和纯洁。

"社会党国际"不是任何一届共产国际，共产主义运动，真正只有过三个共产国际，"社会党国际"是英美金融情报机构；所谓的"第四共产国际"是美联储股东摩根财团扶植的一个组织，用来诋毁苏联和社会主义运动。不过，由于托洛茨基虽与斯大林有不同看法，却多次坚持发表支持斯大林和苏联的言论，引起了跨国金融资本的极度不满，后神秘遇刺，请参看"德国卷"。

故"第四国际"也不属于世界社会主义运动，而是英美金融情报机构建立的一个跨国反社会主义的情报组织，用于针对社会主义运动的渗透和颠覆。后来"东欧"原社会主义国家在"冷战"后"兴起"的反对社会主

义的"执政党"，很多加入了"社会党国际"。

这个诱骗策略，就是"冷战"时期中情局所谓的"**社会党运动**"，实际上就是 19 世纪"**费边社运动**"的延续，就是把"共产党"变成"社会党"，用"民主社会主义"替换"社会主义"，然后用"社会民主主义"刮去"民主社会主义"剩下的那点"社会主义包装"，最后还是金融主义，一个家族世袭、跨国垄断、信用私有的家天下——金融皇权。

图片说明：

a.（左）所谓的"社会党国际"，也就是"社会党运动"的国际总部，同时是"民主社会主义"和"社会民主主义"的国际组织，由英国银行家、高级情报人员、军事情报首脑男爵韦伯和韦伯夫人共同缔造，是伦敦城金融情报机构"费边社"的延续。1923 年由"费边社"老班底建立，用"玫瑰"标记与"镰刀斧头"苏联领导的"第三国际"对抗，以此渗透和颠覆苏联。

b.（右）1900 年 2 月 27 日，"费边社"缔造了英国第一个"民主社会主义"和"社会民主主义"政党，所以英国工党与英国伦敦城和情报机构的关系更加紧密，甚于英国保守党，这个图案是早期的"英国工党图案"，目前图案"有所变化"，取消了"劳动者"字样，仅留下一朵玫瑰。

c."玫瑰革命"被用来描述西方情报机构对社会主义国家的"颜色革命"，即"旗帜易色"之意，，也就是"社会党运动"或称"民主社会主义运动"，就是从此而来，所以颠覆、渗透、扭曲社会主义革命浪潮的源头就是跨国金融资本集团。

d."天鹅绒革命"也是这个意思，源自早期"费边社"的"核心成员"在衣服或手帕的暗红色天鹅绒上标有一些痕迹，仔细看是一朵玫瑰，以此来相互知晓，这种很不引人注意的"天鹅绒玫瑰"，暗喻对 19 世纪英国社会主义运动不引人察觉的渗透、颠覆，流血也看不到——暗红的天鹅绒上面沾上血，也看不见，故"颜色革命"也

财阀的魔杖——日本金融战役史

称"天鹅绒革命"。

e.玫瑰是来自古典共济会运动的玫瑰标记,实际"费边社"主要是控制在德国光照会手中,但为了让古典共济会势力还相对强大的英国能够接受,就沿用了下来。所以,共济会早期对社会主义运动的"帮助",目的是渗透、影响和破坏,不是真心帮助,费边主义的"真髓",就是扭曲、渗透、误导、破坏、颠覆,而不是单纯依靠军事强力。苏联拥有上万枚核弹,却亡党亡国,原因就在于前领导人掀起"新思维"运动,公开用"民主社会主义"替代"科学社会主义",把苏联共产党改造成"社会党",然后掀起了"私有化运动",破坏了社会主义生产关系赖以存在的生产力基石,社会主义国家的上层建筑又受到"民主社会主义"也就是"资本主义强国心理战思潮"的渗透和干扰陷入彷徨和动荡,丧失了自我调整和自我保护、自我恢复的能力和意愿,局势很快不可收拾了。

⑦国际共产主义运动中真正的"共产国际"的简介

第一共产国际,即"国际工人联合会"(1864~1876)是马克思等德国工人团体发起并建立的,明确提出了科学社会主义理论。

第二共产国际(1889~1895),实际是列宁和恩格斯等人为骨干(因为马克思1883年去世了),由于英国金融资本推行的"费边社"(1884)对第二共产国际的渗透,恩格斯1895年去世后,第二共产国际实际已经名存实亡了。

列宁开始着手建立第三共产国际,1914年"费边社"的代理人考茨基等人,从先前与列宁进行"论战"到公开叛变革命,列宁专门撰文《机会主义与第二国际的破产(1915)》(①,单行本一般为"第二国际的破产")、《无产阶级革命和叛徒考茨基(1920)》(②,单行本一般为"叛徒考茨基")和《第三国际及其在历史上的地位(1919)》(③,这3个文献收录于:列宁著,中共中央马克思恩格斯列宁斯大林著作编译局译.列宁全集·中文第2版[①27卷"102~116页"——第一稿、"117~130页"——第二稿,②38卷"259~260页",③36卷"289~297"页].中国北京:人民出版社.1984~1990)。

所以,"第二国际"的截止,有1912年、1914年等说法,此处选择了恩格斯的去世,因为"在马克思和恩格斯逝世以后,第二国际的那些党,除了列宁领导的布尔什维克党以外,几乎全部背叛了马克思主义。"(文献引用:中国共产党第9次全国代表大会上的报告(DBOL).新华网中国共产党历次全国代表大会数据库刊载:http://cpc.people.com.cn/GB/64162/

64168/64561/4429445.html）。

第三共产国际（1919～1943），因为"费边社"的"费边主义"，也就是"民主社会主义"和"社会民主主义"战略骗局，对国际共产主义运动起到了严重的破坏和干扰的作用，故此列宁成立了第三共产国际，领导者主要是列宁和斯大林，此后由于社会主义运动进入了巩固政权和社会主义国家的历史阶段，1943年共产国际胜利完成了历史使命。

⑧列宁和恩格斯如何评价"民主社会主义"和"费边社"

a.《列宁全集·机会主义与第二国际的破产》译者对"费边社"的注释

"[80]费边派是1884年成立的英国改良主义组织费边社的成员，多为资产阶级知识分子，代表人物有悉·维伯、比·维伯、拉·麦克唐纳、萧伯纳、赫·威尔斯等。费边·马克西姆是古罗马统帅，以在第二次布匿战争（公元前218～前201年）中采取回避决战的缓进待机策略著称，费边社即以此人名字为名。费边派虽认为社会主义是经济发展的必然结果，但只承认演进的发展道路。他们反对马克思主义的阶级斗争和无产阶级革命学说，鼓吹通过细微改良来逐渐改造社会，宣扬所谓"地方公有社会主义"。1900年费边社加入工党（当时称工人代表委员会），仍保留自己的组织。在工党中，它一直起制定纲领原则和策略原则的思想中心的作用。第一次世界大战期间，费边派采取了社会沙文主义立场。

关于费边派，请参看列宁的《社会民主党在1905～1907年俄国第一次革命中的土地纲领》，文献来源：《列宁全集》第2版第16卷，第185～397页和《英国的和平主义和英国的不爱理论》，同上，第26卷，第278～284页；列宁著，中共中央马克思恩格斯列宁斯大林著作编译局译.机会主义与第二国际的破产.第80条注释（A），列宁全集·中文第2版，正文27卷"102～116页"、"117～130页"，注释497页.北京：人民出版社.1984～1990。

b.《列宁全集·机会主义与第二国际的破产》中列宁对"费边主义"的评价

列宁把费边社的党派组织，也就是"英国工党"等20世纪初欧洲"社会党"运动，即"费边社运动"、"民主社会主义运动"巧妙地评论为"机会主义"，给出了透彻的评价："机会主义是资产阶级对无产阶级的影响的表现，是资产阶级的工人政策，是一小部分近似无产阶级的分子同资产阶级的联盟。几十年来在"和平的"资本主义条件下成熟起来的机会主义，

到1914～1915年已经完全成熟，到了同资产阶级公开结成联盟的地步。机会主义已经完全成熟，到了同资产阶级公开结成联盟的地步。同机会主义讲统一，就是要无产阶级同自己国家的资产阶级讲统一，即服从资产阶级，就是使国际革命的工人阶级陷于分裂。"（27卷108页，文献注释同上）

c.《列宁全集·机会主义与第二国际的破产》中列宁和恩格斯对"费边社"的评价

"费边派和自由党人几乎没有什么区别，他们从来没有承认过马克思主义。关于费边派，恩格斯在1893年1月18日写道：这是"一伙野心家，不过他们有相当清醒的头脑，'懂得社会变革必不可免，但是他们又不肯把这个艰巨的事业交给粗鲁的无产阶级单独去做……害怕革命，这就是他们的基本原则①……"（27卷112页，文献注释同上）

⑨19世纪的"费边社运动"与20世纪世纪的"社会党运动"的联系与实质

19世纪末，英国金融集团为了破坏社会主义运动，颠覆和渗透英国工运组织，由这个神秘的机构"费边社"发明了"民主社会主义"，就是用"民主（费边策略）"的提法当武器，来破坏"社会主义运动"，这是一个社会心理暗示，实际是在抹黑英国的社会主义运动"不民主"，恐怕古罗马的大将军费边·马克乌斯也没有想到，他的"敌人"会是社会主义，他的名字成了19世纪一个情报机构的破坏计划的名称。

所以美国中央情报局，还有另外一个美国国会批准的名称叫"美国民主基金会"，这个体系和历史沿革本身，都隶属于一个反社会主义的系统颠覆策略和跨国金融情报组织。金融僭主家族的跨国世袭统治和"数字换财产"的广义社会财富转移机制与"民主"没有任何关系，与古罗马将军"费边·马克乌斯"的关系却很深，因为"民主社会主义"这个破坏社会主义、抹黑社会主义运动的策略，就源自"费边·马克乌斯"的军事策略——"费边·马克乌斯骗局"。故此"费边主义"，也就是"Fabian Socialism"可以直接翻译成"民主社会主义"，这有着深刻的历史根源。

⑩"费边社"、英美大学体系与银行家

牛津大学、剑桥大学、伦敦大学被称做"金三角名校"，而牛津大学、剑桥大学、伦敦帝国学院、伦敦大学学院、伦敦政治经济学院又被称做"英国G5大学集团"，很明显"伦敦大学"独特的地位，超越了牛津和剑桥。不仅如此，开始是银行家自己出钱，后来有了"常春藤校友联盟"，就开始

第四章 高端主导策略的全面胜利

给这些学校拨款，用国家的经费，建立小集团的"独立王国"。1994年，以伦敦大学为首的几十所大学，成立了一个"罗素大学集团"，从此正式开启了英国常春藤大学联盟的时代，与美国常春藤联盟逐渐趋于融合。

（3）罗素的含义

"罗素大学联盟"，同时主导着英美的"常春藤联盟"，所谓的英美"常春藤体系"，仅仅是一个"俗称"，正式称谓是"罗素体系"，也就是"罗素协会"下辖的一个跨国光照会精英团体。这个秘密金融跨国情报体系在欧美澳日等国不断渗透，形成了一个复杂的跨国学术主导机制。19世纪，金融僭主将这些国家的民族大学体系，系统地改造成所谓的"各国的""常春藤体系"，以学术名义掩人耳目，建立服务于光照会的跨国金融情报组织，以小恩小惠和各种花样繁多的"评奖"为诱饵，在学者和学员中秘密招募光明会成员和情报人员，服务于学术主导、理论欺骗、高端渗透为特征的金融战跨国高端主导策略，这就是所谓"跨大西洋精神的神秘实质"，也是跨国金融资本可以同时影响第一次世界大战和第二次世界大战欧美参战各方的深层次原因之一。

最顶端起主导作用的"罗素协会"和"路西法基金"人们很陌生，但"骷髅会"的名字很多人都听说过，"罗素协会"就是光照会内部的一个跨国精英秘密团体"骷髅会"（请参看"英国卷"、"威尼斯卷"、"荷兰卷"）。罗素到底是什么呢？有关这个来源，说法不一，稍稍介绍一下。

有关这个问题，本来要系统地介绍给读者，但在做文献准备的时候，感觉到"问题之复杂和有趣，足以独立成书，简单的两三页纸反倒制造了认识的迷雾"，故此这里只说一句话。所谓的"罗素"，基本来说与英国的"罗素家族"有关，这是一个光照会世家，建立了美国常春藤联盟背后的"骷髅会"体系的威廉·拉塞尔（William Russell），实际应该翻译成"威廉·罗素"，采用"威廉·拉塞尔"的译法，是为了与我国引进的文献译法统一，便于文献检索。他是美国人，也是英国古老罗素世家的美国分支。他在美国的财力基石，被称做"罗素公司"，也就是第一次鸦片战争中的三大鸦片商之一"美国旗昌洋行"的"美国控股机构"。

其另一个名字"旗昌洋行"，主要在中国贩毒，由总经理约翰·福布斯（John Murray Forbes）打理，实际旗昌洋行1818年在广州成立的时候，董事长是英国罗素家族美国分支的萨缪尔·罗素（Samul Russell），在美国主要用的名称是"罗素公司"，控制着美国的铁路和中美贸易。1846年，

中国总部搬到"上海外滩9号",不是一个简单的贩毒集团,实际体现着美国政府在清朝的政策和利益,这个"罗素公司"、"旗昌洋行"的拥有者是罗思柴尔德家族,罗氏世界贩毒网络由代理人、姻亲英国犹太银行家族、沙逊家族打理,是美国毒品帝国的"最高权力机构"。

有关罗思柴尔德家族如何建立"旗昌洋行",英国犹太银行家、罗氏代理人与姻亲、大毒枭沙逊家族如何建立贩毒帝国和参与建立中情局的过程,请参看"英国卷"、"美国卷",这里的问题非常复杂和有趣,还涉及一个美国的"罗素运动",不过与日本金融战役史无关,就不多说了。

(4) 伦敦大学的一些校友(沧海一粟,仅为举例而已)

伦敦大学

圣雄甘地——印度国父

伊藤博文——第一任日本首相、明治维新元老

小泉纯一郎——日本前首相

卡姆·诃兹(Chaim Herzog)——以色列前总统

夏目漱石——日本"明治维新"时期的"精神教父"

伦敦大学·帝国学院

拉吉夫·甘地——印度前总理

伦敦大学·政治经济学院

罗伯特·蒙代尔——美联储雇员、"欧元之父"

约翰·肯尼迪——美国前总统、中情局缔造者之一、光照会成员

乔治·索罗斯——华尔街金融家(参考文献:杨斌著.威胁中国的隐蔽战争.北京:经济管理出版社.2002)

莫尼卡·莱温斯基——心理学学者、美国总统克林顿"弹劾事件"的女主角、德裔犹太家族(父为德裔犹太人,母为俄裔犹太人)

默文·阿利斯特·金——英格兰银行行长

大卫·洛克菲勒——美联储世袭股东

一句话:如果把这些人名单全部列出来,包括了100多位世界各国的金融、情报、政治人物,如果这是"英美常春藤体系"的人物列表,则更加令人不可小觑,几乎是西方全部的近代史。

3. 如何看待夏目漱石对日本的"贡献"和福泽谕吉的"脱亚论"

以夏目漱石为核心的"脱亚派",成功地消除以"维新三杰"为代表的"日本派"的影响,让日本"明治维新"脱离了日本民族资产阶级强国的

第四章 高端主导策略的全面胜利

既定道路，逐渐走上了半封建半殖民地的"军国主义"道路，最终导致日本成了第二次世界大战的亚洲策源地，这是一种历史的必然。侵略战争对亚洲人民是苦难和悲剧，对日本人民也是灾难。

夏目漱石被树为日本最伟大的作家，实际是一个"精神教父"，其最核心的"东西"，就是"脱亚论"。脱亚论并不是夏目漱石提出的，而是一个欧美金融代理人集团在翻译出身，娶了美国妻子，先后"出现"在黑船事件、"武士道运动"、"生麦事件"、"萨英战争"等事件中的福泽谕吉出资创建的《时事新报》上。

说来有趣，当时很多报纸都是这个家境贫寒的"翻译"出资建立，比如"汉城旬报"，朝鲜语，名义出资人是朝鲜金玉均，实际上是福泽谕吉，甚至"制造"着日本的舆论，福泽谕吉不过是一个跨国金融资本的代理人。

"脱亚论"的始作俑者很神秘——1885年（明治18年）3月16日一篇匿名文章提出。福泽谕吉炮制的《武士道》和《脱亚论》一样，都署了他自己的名字，"脱亚论"普遍认为是出自福泽谕吉，实际上可能出自一个"理论团队"，日本学者包括：石河干明、平山洋等人，对日本人民是一场影响深远的金融心理战，有着深刻的日本民族历史心理学背景，给日本人民和亚洲人民带来了深重的灾难。

（1）民族虚无主义

"脱亚论"的性质是日本民族虚无主义，除去那层"天皇至上"的糖衣，实际是在彻底否定包括日本"天皇"神道在内的，日本人民一切引以为自豪的民族文化传统和民族道德观念，沉重地打击了日本民族的自信心和传统基石。"脱亚论"公开否定日本人民的优秀传统美德"仁义礼智"，提出"如果试图阻止文明的入侵，日本国的独立也不能保证独立"，这就将建立"独立央行"，把日本民族的一切实体经济所有权和广义财富所有权交给罗思柴尔德家族的行为"美化"为"文明的进步"。

（2）"输出民族利益有理论"

这篇1885年抛出的"脱亚论"，正好是日本各阶层开始察觉1882年日本实际沦为欧美金融资本殖民地的反思时期，"独立央行"是日本"天皇"和"政府"都不能干涉的"专业领域"，货币发行权控制在"国际债权人"和世袭股东手中，日本各阶层开始有所察觉之时，"脱亚论"却成功地消除了这种理智的反思，把日本引上了不归路，其本质是对日本各阶层的金融战役和心理控制策略——通过把"引进文明"和"民族虚无"画等号，把

所谓"世界文明"和日本"独立央行"的"小股东代理人集团"对日本民族利益的攫取、输出和把持，曲解为"进步"，这就把"卖国"和"爱国"的界限巧妙地混淆了。

（3）与邻为壑

"假如支那人卑屈不知廉耻，日本人的侠义就会因此被掩盖；假如朝鲜国对人使用酷刑，日本人就会被推测也是同样的没有人性……这样的事情实际上并不少，可以说这是我日本国的一大不幸。……也不必因其为邻国而特别予以同情，只要模仿西洋人对他们的态度方式对付即可。与坏朋友亲近的人也难免近墨者黑，我们要从内心谢绝亚细亚东方的坏朋友。"

文献引用：佚名（传为"日"·福泽谕吉）著.脱亚论.日本：时事新报.1885年（明治18年）3月16日；译文来源：[中]林思云，[日]金谷让等译.脱亚论.中国选举与治理网刊载：http://www.chinaelections.org/NewsInfo.asp?NewsID=9756）

这些荒谬的论调，基础都是"假想立场"，通篇是"**欺骗基础上的欺骗，编造基础上的编造，诱骗基础上的诱骗，谎言基础上的谎言**"，最大的危害在于，19世纪的日本不仅否定了自身悠久丰富的文化传统，也走上了与邻为壑的道路，不仅从道德上丧失了立足点，也彻底丧失了一切战略利益，让日本19世纪开始的"强国之路"越走越窄，直至走进军国主义的"死胡同"。

（4）"逼虎上墙、遗祸千年"

一个国家，如果采取与邻为壑的方针，放弃与邻为善的初衷，把邻国都斥责为"坏朋友"，甚至对所有邻国采取谩骂、污辱、挑衅、蔑视乃至战争的策略，国力强大时必然陷入侵略战争的泥潭，国力弱小时必然四面楚歌，亡国在即。这时，国际金融资本就可以轻易地驯服日本，使之为其所用，这会让日本与邻国的关系长期不正常，让日本的决策心态长期不正常，总处于一个应激的状态，陷入战略被动，丧失战略决策主动权，成为"国际债权人"的驯服工具与附庸。

（5）安排了"19世纪强国运动"最终必然失败的战略结局

本来日本是一个左右逢源的海上要冲，仅仅依靠贸易与海运即可富国，如完成工业化，则必然国富民安，日本人民的聪明才智也会得到充分发挥，让善良勇敢的日本民族屹立于世界民族之林。但是"脱亚论"让19世纪的日本走上了军国主义道路，先后与日本本土之外的一切国家全面开战。曾经有一个清朝慈禧与万国开战的谣言,实际上19世纪的日本却实实在在地

第四章 高端主导策略的全面胜利

制定了与全世界开战并侵略全世界的国策,"田中奏折"就是延续了19世纪"脱亚论"的观点而制订的日本国策。

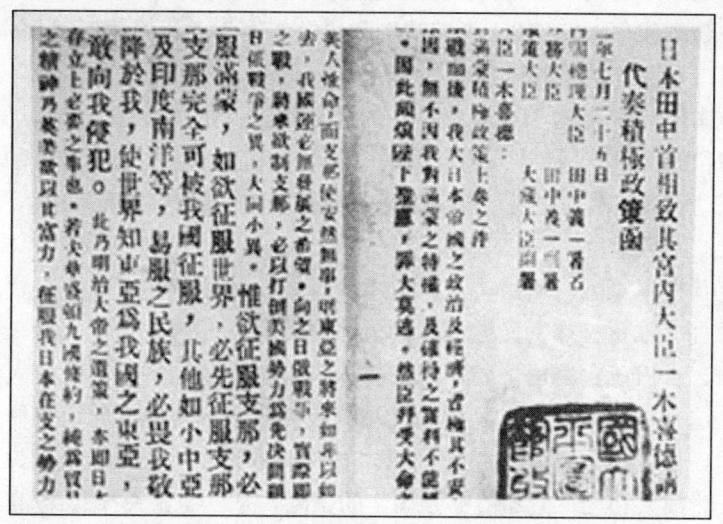

图片说明:"田中奏折",这是1927年7月25日,日本第26届首相田中义一(生卒1864.7.25～1929.9.29,任期1927.4.20～1929.7.2)向日本"天皇"的奏折"惟欲征服支那,必先征服满蒙;惟欲征服世界,必先征服支那",制定了日本向全世界宣战的既定国策。爱国人士蔡智堪(1888～1955)是被日本从中国台湾地区强征到日本皇宫修补整理书册的专业技工,意外发现此文件,予以抄录,蔡智堪先生是中华民族优秀的儿女。

"脱亚论"不是日本民族自我思考的产物,而是欧美金融资本通过一个日本翻译为首的"理论班子",匿名传播到日本的"理论",这个彻底否定日本传统文明体系的"脱亚论"的始作俑者和19世纪日本军国主义奉为经典的《武士道》小册子作者的跨国背景,日本人民到现在也很少有人知道。

"脱亚论"是19世纪日本军国主义对亚洲邻国乃至全世界宣战,狂妄进行"征服战争"的"理论"基石,也是失败的基石。一个岛国日本与全世界宣战,与中国、俄罗斯、美国、英国、朝鲜(一度被日本侵占"列入"了版图)、东南亚国家……所有能够到达的国家,兵锋遍指,不可思议,最后惨败投降,至今依然是美国军队"进驻"的、不准许有军队存在的国家,武装只能叫"自卫队"。

19世纪日本"强国之路"失败结局的战略原因在于:从一开始日本就被美国华尔街牢牢地左右,内部一直存在"矛盾",主要表现在军部集团与

财阀的魔杖——日本金融战役史

央行集团之间的权力之争，央行集团固然是美国华尔街的代理人，日本军部尤其是"日本关东军"和日本秘密情报机构"满铁"，也不过是"有点野心"的金融代理人。所以，"满铁"和"关东军"并不是很听"日本内阁"和"日本军部"的"招呼"。

日本民族主义由于"脱亚论"的高端理论打击和心理诱导骗局，一直被压抑和扭曲，以一种并不符合日本民族利益和日本人民善良本性的狂暴形式——"武士道军国主义"表现出来，与日本的民族利益南辕北辙，逐渐走向失败，不可避免。

究其根本原因，从结构上，日本萨摩武士集团就是一个金融代理人集团，并且"维新三杰"又被福泽谕吉、夏目漱石、吉原重俊，后来则是田中义一、吉田茂、鸠山一郎、池田勇人等更加彻底的华尔街代理人集团所替代，这是一个摒弃日本民族主义和彻底否定日本传统文化道德体系的领导集团。从思想上看，19世纪的日本被"脱亚论"所误导，误以为这是一种"虽然损人利己，但却能够强国"的策略，是"物竞天择"，没有认识到"脱亚论"是民族虚无主义的产物，这导致19世纪的日本"军国主义强国之路"一直缺乏民族主义的内在追求，仅有一个"扭曲强烈的民族主义面具"。整个民族的货币都由华尔街为首的"国际债权人"集团把持，日本人民每年要凭空向所谓的"日本央行"归还一笔肮脏而又不存在的"国债利息"。

在这种历史背景下和美国宣战，只能是一场闹剧。19世纪中国的"灭亡之危"与19世纪日本的"强国之盛"强烈地掩盖了日本半封建半殖民地化的总趋势，成就了"脱亚论"舶来的日本民族虚无主义之祸——"但观察当今世界的现状，就会发现事实上是不可能的。莫不如与时俱进，共同在文明之海中浮沉，共同掀起文明的波浪，共同品尝文明的苦乐，除此之外别无选择。文明就像麻疹的流行一样。眼下东京的麻疹最初是从西部的长崎地方向东传播，并随着春暖的气候逐渐蔓延开来。此时即便是痛恨该流行病的危害，**想要防御它的话，又有可行的手段吗？我确信没有这样的手段。**纯粹有害的流行病，其势力的激烈程度尚且如此，更不要说利害相伴或利益往往更多的文明了。当前不但不应阻止文明，反而应尽力帮助文明的蔓延，让国民尽快沐浴文明的风气，这才是**智者之所为**……国内无论朝野，一切都采用西洋近代文明，不仅要脱去日本的陈规旧习，而且还要在整个亚细亚洲中开创出一个新的格局。其关键所在，唯'脱亚'二字。"（《脱亚论》，同上）。

第四章 高端主导策略的全面胜利

一句话：放在菜板上的马肉寿司不会喊疼，不会挣扎，还散发着浓郁而优雅的"香味"，抗争的中国烈马则遍身伤痕、血流如注、嘶嚎哀鸣、连踢带咬，很"不雅观"地争取着自由、希望和根本利益，"旁观者"自然喜爱优雅的马肉寿司，而不会给"烈马之博"多高的艺术评价，甚至烈马有时都会羡慕远处餐厅的"优雅"和"平和"。但是，马肉寿司却无权嘲笑烈马，撕咬烈马的猛虎也经历过血与火锤炼而遍体伤痕却也尖牙利爪，傲然称王，烈马战胜了猛虎则千里纵横，变身寿司又何其容易？故中国烈马不需要羡慕马肉寿司，猛虎则要让草原上的马儿们相信马肉寿司的未来是"优雅的幸福之路"、"智者之所为"——"你们逃脱不了这种命运，就接受吧"，"烈马之惨"则是"自讨无趣的愚蠢选择"，实际恰恰相反，这就是19世纪"中国趋亡，日本日昌"的真实写照，也是《脱亚论》的"历史价值"。

"东方会议"小考

1927年4月，日本"独立央行"，也就是华尔街已经计划1929年在全球发动金融战役，这就是**"东方会议"**的背景。这不是一个正常日本内阁会议的产物，却制定了著名的"田中奏折"，也就是会议的结论和精神。这次会议是由田中义一召开的，由吉田茂、鸠山一郎等日本政治、金融、军事、情报内部的日本高端控制金融集团**"政友会"**的秘密关门金融会议。政友会是日本央行扶植的三井财团出资，也称"立宪政友会"，由伊藤博文1900年建立，1940年"军部势力"旺盛的时候被迫解散，是日本央行，也就是"国际债权人"在日代理人集团控制日本的一个工具，政友会主导日本政局长达几十年之久。

吉田茂、鸠山一郎等日本"田中奏折"的制定者，在当时，无疑被看成是"日本最坚定的反美人士"，可在第二次世界大战日本投降后，立刻摇身一"变"成为最亲美的央行集团代理人。吉田茂、鸠山一郎等金融集团占据把持日本首相宝座，日本现任首相鸠山由纪夫是鸠山一郎的孙子。不了解这些历史事实，就无法理解"日本军国主义"的实质、日本"多党制自由选举"的实质、"田中奏折"的实质、日本央行集团的实质、日本战后政治格局的实质、日本政治门阀体制的实质和日本财阀体系的实质。

这次会议，制定了爆发"世界金融危机"以后日本应该采取的策略，与日本央行紧缩通货引发"金融危机"的计划，后面会仔细回顾这段诡异的历史。只要了解德国金融战役史的类似内容和日本央行的营利性属性，就不难理解日本央行集团这一奇怪的做法和"日美战争"与"华尔街拥有日本央行"

财阀的魔杖——日本金融战役史

的真实历史，不过是被人"忘记"的世界金融战役史的一部分而已。

图片说明：

（左）"东方会议"与会者、第二次世界大战后3任日本首相鸠山一郎（生卒1883.1.1～1959.3.7，任期1954.12.10～1956.12.23）。（中）日本民主党代表、经过与"日本自由民主党"有"世纪选战"之称的激烈选战，荣任日本首相，即现任首相鸠山由纪夫（鸠山一郎之孙，1947.2.11～，任期2009.9.16～）。（右）鸠山邦夫，鸠山一郎之孙，鸠山由纪夫之弟（1948.9.13～），日本自由民主党核心成员，现任日本自由民主党众议员，历任自由民主党内阁总务大臣、文部大臣、劳动大臣和法务大臣等职。

至今，"田中奏折"不被日本"一些人"承认，可这有日本军国主义在"田中奏折"以后几十年的忠实执行作为历史铁证，烧一张纸容易，写一张纸也容易，但让日本军国主义"为此征战几十年，与全世界宣战"的"那张纸"必然是真实的，如此铁证岂能否认，由此可鉴察史德盈亏和金融战役的延续性。

"田中奏折"1928年就到了当时北京的"安国军政府"，其主要由东北军张作霖主导，实际上是当时中国的政府机构，属于最后一届"北洋政府"。张作霖将军出于民族大义，拒绝了日本军国主义势力的"《日本密约》"，其名义让张作霖同意"东北独立"，实际就是割让东三省给日本，日本扶植张作霖"统一中国"。1928年6月4日，日本关东军司令官冈村宁次授意，由日本关东军参谋，也是满铁系统的特务河本大作爆破铁路，暗杀张作霖于皇姑屯，史称"皇姑屯事件"。

第四章 高端主导策略的全面胜利

河本大作也是后来三井财阀背景的山西产业株式会社社长,是一个典型的英美派,胆大妄为又毫无廉耻,第二次世界大战日本投降后,此人立刻投降国民党,又继续以国民党阎锡山部的身份与中国人民解放军较量,太原解放,他又立刻投降,1955 年 8 月 25 日,死在太原战犯管理所。

田中义一很震惊,因为此事没有经过"政友会"讨论,1929 年"华尔街"的金融战计划,被提前引爆了——暗杀中国北洋政府的"总统"等于对华宣战。他很生气,就提出罢免河本大作,这也是做个样子,因为这是"东方会议"和"田中奏折"的必然结果,只是时间"早晚而已",是华尔街 1929 金融战阴谋和日本央行集团在执行过程中的"一个小意外"。

田中义一和河本大作相互指责,田中义一还闹辞职,"狗咬狗,一嘴毛",日本"天皇"不主张惩罚河本大作,实际上对这种矛盾很高兴。对于此二人来说,是"目标一致,细节争论"。但这时又发生了第二个意外,田中义一制定了统一世界的"宏图伟略"没来得及执行,有传言说他于 1929 年 7 月 2 日嫖宿艺妓时,心血管疾病突发去世。但也有传言怀疑其与政友会创始人伊藤博文一样是被暗杀,说法不一,揣测种种,但"金融代理人集团"("西洋派")与"日本门阀集团"("武士派")之间的争斗与联合是日本 19 世纪历史的"主旋律",武士社会的贵族门阀固然弊端颇多,但金融代理人集团则完全脱离了日本民族的利益。

(6)"脱亚论"精心研究了日本民族历史心理学,用看似"日本民族主义"的文字,宣扬日本民族虚无主义,打击和扭曲日本爱国思潮和强国愿望;用看似"维护日本民族利益"的华丽文字,宣扬对国际金融资本的妥协与绥靖,有力地配合了日本独立央行和债务货币体制的建立,从此让日本的国家信用成了"国际债权人"的家族私产,让日本的实体经济和社会财富的广义所有权,一下子归属了华尔街"国际债权人",其后果是带给亚洲和日本人民沉重的、必然的战争灾难和不必要的债务负担,英美金融资本通过福泽谕吉等人,在日本散布的《脱亚论》和《武士道》两份舶来文献,基本被日本各界所接受,成功地扭曲了日本固有的武士文化(**日本传统武士道**),并认为"这就是自己的思想",这是世界金融战役史上最为出色的民族历史心理学"高端主导"的经典案例。

(三)木户孝允

木户孝允(1833.8.11~1877.5.26),这是化名,本名"桂小五郎",还

财阀的魔杖——日本金融战役史

曾用过"新堀松辅"等化名，是萨摩武士集团的核心领导者，"**维新三杰**"之一。他是"倒幕四雄藩"中长州藩的领袖，缔造了与萨摩藩的联盟，史称"萨长联盟"（1866），这是"萨摩武士集团"正式形成的标志。

促成这个联盟的幕后人物是英国金融资本为年轻的木户孝允包养的一个京都艺妓，花名"几松"，从良后改名"木户松子"（1843～1886），京都在当时是远比长州"蛮荒之地"繁华的花花世界，因为所在青楼叫"翠香院"，故一直以此为"号"，她的真名可能叫"计子"。

此人绝非一般风尘人物，如果放在现代，堪称一个干练的政治人物和社会活动家，是木户孝允的政治伙伴，对其帮助极大，侍奉饮食于左右，商讨国事于枕席，操劳政务于幕后，服侍添香于长夜，颇得宠爱，乃为正妻。

1877年5月26日，也就是金融势力消灭萨摩武士集团的"西南战争"（1877.2～1877.10）中，木户孝允突然暴毙，身体强壮，无疾而终，英年早逝，年仅43岁。

萨摩武士集团的"维新三杰"先后离世，都是位高权重、人望极高、影响巨大的实力派人物，或手握重兵，或有藩镇支持，或人脉极广，权倾朝野，欧美金融资本无法控制这样的代理人，他们不是福泽谕吉这类家庭破产，对日本武士门阀体制恨之入骨，可以用小恩小惠收买的人。"维新三杰"不死，输出日本根本利益的"独立央行体制"无法在1882年顺利建立，因为"维新三杰"会出于"政治本能"来维护"自己的利益"。

大久保利通，1878年5月14日，被乱刀砍死，死于暗杀。

西乡隆盛，1877年9月24日，被砍头而死，据传是"光荣"自杀。

木户孝允，1877年5月26日，43岁暴毙，病因不明。

实力强大的开国元勋，萨摩武士集团的"维新三杰"先后离世，萨摩武士集团的藩主岛津永久则尤显机警，早就察觉到苗头不对，1874年跑回萨摩藩企图拥兵自保，并非"急流勇退"，他曾经放一整天的"焰火"示威。岛津久光1887年12月7日暴毙，历史画了一个意味深长的句号。

日本维新后的权力，落入了"金融代理人集团"的手中，在1882年顺利建立"独立央行"体制，以罗思柴尔德家族为首的"国际债权人"攫取了日本人民拥有的货币发行权的时候，没有任何政治势力敢于或者说有能力出面阻止——日本央行金融战役的战略准备，完成了。

这很引人深思，看似强大的萨摩武士集团，在跨国金融资本面前轰然倒地，重要人物先后被消灭，没有任何反击。究其原因，只有一句话：金

第四章 高端主导策略的全面胜利

融代理人集团再强大,也不过是金融僭主手中的几枚棋子,人脉、选择、布局使然,唯警后世,不可不察;然若私心障目,无心则无可查,见利而不见害,见食而不见钩,嬉笑赴死,大势去矣,纵有达者,也无力回天。

二、央行金融战役序曲的历史意义

(一) 积年之祸

央行金融战役的序曲是否"太过漫长"了呢?日本人民智慧善良、勇敢勤劳,虽然文明史没有中华民族悠久,但同样值得称道,有许多愿意为民族兴亡抛头颅洒热血的爱国者。日本江户时代的幕府也绝非一团漆黑,日本战国时代很多发展和建设都可圈可点,如此让日本交出货币发行权,凭空让日本各阶层都接受华尔街的数字而交出财富,这谈何容易?

这里简要地回顾了"央行序曲"奏响的历史时间,仅仅给出了一个梗概和轮廓,实际幕后活动如蚁如蜂,国际金融资本用了几十年时间,就让日本各界相信,接受"独立央行"的数字,交出一切财富,是一件多么划算的事呀!这个从荒谬到真实,从不可能到可能的系统工程,就是日本央行金融战役最重要的部分——使其想,使其接受,使已成功。

几十年的时间,就秘密拥有了一个富强的国家,太快了!

(二) 高端之失

日本金融战役序曲的主题就是"人事与欺骗的策略,收买与抛弃的艺术",了解这一点意义重大,也是日本央行战役的核心——高端主导。

(三) 决策之误

日本金融战役的每一步,如此的乏味和平淡,日本决策的每一步又如此的理智明晰和工于心计,可最后"日本强国之路"却变成了"日本央行之路","国际债权人集团"用数字和"不存在的债务",就可以控制日本经济、预算、选举乃至门阀兴亡,这是多么不可思议的荒谬结局,不断的战术胜利的累加,却导致了一个战略失败的结果,这就是日本央行战役不同于其他金融战役的最主要的特征,也是日本决策特征和行为模式的真实写照,了解这一点有助于确定对日策略和理解日本金融战役史。

第五章

"日本"财阀体制的形成（上）

一、日本央行体制的建立与日本央行第一任行长吉原重俊

（一）日本央行战役的性质与战略价值

日本金融战役史虽然有很多高潮（请参看拙作《货币长城》中的"日本金融战役"），但是不论一场金融战役的进程、策略、人脉、特征如何，一切都必然围绕着生产资料和生活资料的控制权和所有权，一切都必然围绕着虚拟经济和实体经济的控制权和所有权，狭义金融战役争夺的无外乎是局部财富的爆发性转移，广义金融战役争夺的无外乎是建立在生产资料所有权基础上的上层建筑的主导权，这一切战役的基础又是依托金融力量而进行的。

日本建立所谓的"独立央行体制"后，政权已经被人为割裂，出现了两个权力中心，究竟是国有机构（"国有独立央行"），还是股份公司（"私有独立央行"），究竟是"私有货币"，还是"国有货币"并不重要——因为，央行理论和债务货币理论的结果，就是信用实际的私有化和债务。关键在于人们认为这是日本虚拟经济对实体经济的符号化表达，是以国有信用为基石的，也就是以日本各阶层的信用为基石的。离开了日本人民的劳动和国有担保，这些债务货币符号分文不值。

对于"独立央行体制"来说，日本政府首先必须交出货币发行权，一切都必须由"独立央行"这个根本就不需要的"独立机构"来发行，央行行长个人凌驾于日本一切权力之上，对日本的经济、金融、货币、预算、储备、财经人事等，拥有"不可挑战"的绝对个人权利。这个"独立的特权"又通过"债务货币体制"的连杆，直接传递给华尔街"国际债权人"。日本实体经济逐年发展，却不能事先释出足够的货币符号，必须由政府税收担保举债，才能发行货币，可这种货币符号的数量必然蕴涵于届时固有

第五章 "日本"财阀体制的形成（上）

的货币总量之内，必然无法满足次年日本国民经济增长所需的数字符号，也就是本国认购国债只能从甲地搬到乙地，由甲种状态转移到乙种状态，对宏观信用符号总量没有任何增加和供给作用，这就必然导致紧缩型金融危机的出现。日本只有接受"国际债权人"认购日本国债，也就是日本国债海外发行，实施日元美元化，才能有效输入"信用符号"，促成日本经济的繁荣，这就是独立央行骗局和债务货币骗局。

这个结果就是华尔街"国际债权人"集团通过"独立央行骗局"和"债务货币骗局"逐渐控制了日本绝大多数货币供给，乃至超过信用总量。因为债务货币将导致信用总量为基数的逐渐利息累计，即便国债利率只有0.1%也会趋于无穷大，这个债务没有发生过，一旦归还将导致信用符号骤减乃至消失，会立刻爆发通货紧缩型金融危机，实际也没有足够的货币来归还，因为债务货币创造100日元货币的时候，计算了100日元国债，扣除当年利息，次年的国债数字就大于国债所创造的货币了，这个差距会逐年扩大。华尔街美联储世袭股东家族，也就广义拥有了日本的一切财富和实体经济，拥有了日本一切可以用信用符号衡量的生产资料和生活资料。

这个过程究竟"独立央行"是"国有"还是"私有"根本不重要，奥秘就在于"独立央行体制"本身对日本主权的秘密分化和转移，核心就在于"独立央行体制"背后的"债务货币机制"，一旦全部或部分认同了"独立央行理论"和"债务货币理论"，一切必然控制在"国际债权人"手中，否则就要经受"莫名其妙"的金融危机。苏联金融战役之前，一直被"央行骗局"和"债务货币骗局"主导，一个所谓的"超级大国"必须不断地向"国际债权人"借贷信用符号。由于受到金融心理战和金融高端学术控制的巧妙桎梏，人们看不到这场金融战骗局的实质，苏联政府不敢自己发行货币符号，却要从华尔街几个寡头笔下输入货币符号，任由华尔街控股苏联央行，实施了全面的金融、货币私有化，苏联解体于金融战役不过是个时间问题。

日本也是先从英美引进了"先进的金融理论"和"金本位理论"，落入了"金融本位骗局"——本来，一个国家根本就不需要任何形式的抵押和本位，就可以发行货币，因为一个国家的货币符号是实体经济总量的虚拟经济镜像，不可能有足够的实体抵押，只能走入债务数字骗局的金融战泥潭。日本的货币体系从"明治维新"一开始，就被萨摩武士集团中的英美银行代理人所把持，通过推行"金本位骗局"、"独立央行骗局"、"债务货币骗局",因为日本央行从一开始就由国际债权人控股,故华尔街一举攫取了日本的货币发行权,直到今天。

  这对于日本的一切都具有决定性。因为"独立央行"这个根本就不需要的"神秘机构"出现以后,又拥有了"不可干涉的货币权力",实际就逆向控制了日本的大藏省(1869~2000),类似于美国国会联邦储备委员会,是一些权力集中在一起的巨无霸,权力实际控制在"日本央行"的世袭股东手中,然后也就控制了日本的国家预算;又通过门阀选举体制,控制了日本的政府人员构成,实际上"国际债权人"就通过"独立央行体制"的这两条途径,控制了日本社会的上层建筑,诸如媒体主导之类,因为媒体机构私有化原因,华尔街控制日本媒体不过"小菜一碟"了——这就是日本央行战役的性质与战略价值。

(二)日本国有纸币体系"藩札"的神秘消失

  图片说明:这是日本战国时代的"藩札",也就是纸币和支票的统称,实际印刷的"藩札",一般是纸币的作用,在印刷好的"银藩札"上写上数字和姓名的,其实就是"支票",类似于中国古代的银票。

  日本虽然一直战乱不止,但各藩国内部却相对稳定,征战主要在藩主之间进行,藩国内部虽然广泛存在着激烈而残酷的政治斗争,但宫廷政治斗争对中下层人民影响不大。在这种特殊的历史背景下,日本就出现了由藩主发行"藩札"的货币体制。

  所谓的"藩札"是纸币和支票的统称,由于主要是各藩国独自发行,

第五章 "日本"财阀体制的形成（上）

实际上是许多藩国货币体系，这也深刻地体现了日本战国时期藩国林立的客观历史。江户王朝建立之后，也开始发行"藩札"，由于江户幕府实际对整个日本都有着广泛的影响力，虽然无法真正统一，但无疑是唯一有全日本影响力的武士集团，"德川将军府"发行的"藩札"，已经可以看成是日本纸币体系的雏形了，不过约定俗成，人们依然称为"藩札"。

1630年，日本福山藩开始发行"藩札"，此时主要表示是铜钱，实际类似于"铜本位"的纸币，但在藩国内，不需要用铜，只要藩主认同税收之用，就可以轻松流动，这也是后期很多偏远藩国反而强大的原因——自由发行货币，而不需要抵押，也没有限制。1661年，就出现了"银藩札"，有时也称"银札"。此后，江户幕府发现各藩国的货币体系无法统一，一些强大的藩国用"银藩札"的数字，就可以在全日本进行物资采买，这样极度不利于日本江户幕府的权威和统一，遂在1701年开始禁止"银藩札"，实际上是想让江户王朝的"藩札"得以流通。但是，江户幕府的实力，不过是武士集团中比较强的一个，无力统一日本的纸币战国时代。

1719年，江户幕府制定了一个很巧妙的"货币政策性统一"——"藩札申报体制"，也就是在一定程度上允许各藩国发行货币，包括"铜藩札"和"银藩札"，但这是江户集团无力统一日本货币时的"策略"，目的依然在建立统一的日本国有货币体系。故此，这种"申报"和"允许"的背后，是一种"制度上的国有化和统一化"，等于把日本各藩国的货币体系巧妙地纳入一个虽然还很松散，但总算是"统一规范"的国有货币体系。

所以，从这个意义来说，1719年以后，日本拥有了自己的国有货币体系，也就是"藩札"体系。表面上，各藩国可以自行发行"藩札"，但如果不经过江户王朝批准，就是"不合法的纸币"，实际流通和发行都会受到各种限制，这就奠定了一个进一步统一日本货币体制的前提。

跨国垄断金融资本，扶植萨摩武士集团上台后，第一件事情就是要建立"独立央行"体制，攫取日本人民的货币主权。所以，1869年（明治2年），就颁布了《禁止藩札增印令》，这和罗思柴尔德家族在美国限制不需要任何抵押的"林肯绿币"，设定发行上限的法案完全一样，等于剥夺了日本各藩国，乃至明治维新新政府本身的货币发行权，也就是造成了广泛的紧缩型金融危机。这导致了大量武士氏族家庭和农民破产，这是其后爆发"西南战争"重要的原因之一，实际上导致了一个此起彼伏的农民起义和武士氏族叛乱的历史浪潮。

财阀的魔杖——日本金融战役史

　　金融代理人集团对此心知肚明，故意加剧"金融危机"，以便逼迫日本各阶层接受"独立央行"的信用符号。1871年（明治4年），干脆禁止了"藩札"的流通，全日本立刻没有货币可以使用了，就不得不接受"大藏省"发行的"纸币"，这个对换过程，是强迫进行的，从1871开始，到1880年才基本结束。这个过程，重点不在于"藩札"的消亡，而是日本货币的发行权交给了一个"独立机构"——"大藏省"，战役的争夺点在于——日元是"金本位"，还是政府自由发行，也就是广义实体经济的镜像。当时日本各界对此基本没有任何认识，普遍对金本位的危害不理解，战役的结局也就不难预料了。

（三）吉原重俊——日本独立央行体制的缔造者

图片说明：

1.（左）吉原重俊（1845～1887），鹿儿岛系，萨摩武士集团的"西洋派"金融代理人，日本独立央行体制的"三始祖"的"操刀者"，第一任日本央行行长，日本独立央行的世袭股东的潜在"入围"候选者。

2.（中）松方正义（1835～1924），鹿儿岛系，萨摩武士集团的"西洋派"金融代理人，历任日本首相、大藏卿等职务，"三始祖"的"幕后核心"，对吉原重俊有提携知遇之恩，日本独立央行的世袭股东的潜在"入围"候选者。

3.（右）大隈重信（1838～1922），历任日本首相、大藏卿等职务，肥前藩人。他的出生地归佐贺市，战国时期归肥前藩，也就是"萨摩倒幕四雄藩"之一，这很有趣，欧美金融资本开始扶植"偏僻的萨摩地区"，在萨摩武士集团形成后，又开始扶植其中的"非主流"人物，这就是金融战役学中的"扶弱策略"。他是萨摩武士集团的"西洋派"金融代理人，日本独立央行体制"三始祖"的"开拓者"，是实际的第一任日本央行行长，日本独立央行的世袭股东的潜在"入围"候选者。

第五章 "日本"财阀体制的形成（上）

他在 1882 年参与建立了日本央行之后，同年"出资"建立了东京专门学校，1901 年改称"早稻田大学"，与"帝国大学"有所"分工"，专门培养"企业管理人员"，形成了一个以日本央行集团为首的"官业民营的日本财阀人脉体系"，这笔建校巨款来源不明，此人也是"二十一条"的始作俑者。

吉原重俊是典型的鹿儿岛（萨摩藩）下等藩士家庭，还达不到中等武士的水平，高等则为"家臣"，低等一般为"藩士"。在江户"禁止耶稣会"的时候，他的家庭就是秘密的耶稣会信徒，这可能在萨摩武士集团内部也比较罕见，是欧美金融资本在日本的第一代银行代理人。

1866 年，英美金融资本资助他，先后秘密到英国和美国留学，名义是主修法律和历史，实际学的是金融。在当时，下等武士人家的孩子，普遍不识字，中等武士人家不识字的比比皆是，吉原重俊据传 12 岁就可以读中文典籍，的确是一个不可多得的人才，也很有大志。

他在大隈重信、松方正义的直接支持下，于 1882 年 6 月（正式任命是 1882 年 10 月）出任日本"独立央行"——日本银行的第一任"央行行长"，直译过来是"央行总裁"。一个下等武士的子弟，靠对外输送日本民族利益和主权，用日本"昨天、今天、明天"财富的广义所有权，买了"日元神庙"中的一尊小神仙的位置，可谓春风得意。但是，5 年后的 1887 年 12 月 19 日，突然神秘暴毙，英年早逝，年仅 43 岁。

二、日本央行战役（1882）

（一）日本央行战役第一阶段——"倒幕"

1. 财阀体制不变、封建制度不变

这个阶段的战役目标，是通过推翻江户幕府，唤起日本各藩国反对中央政权的欲望，从实际结果来看，江户幕府对各种权力的把持远低于 19 世纪末日本军国主义盛行时期的程度，日本名誉统治者"天皇"依然是封建世袭体制，日本财阀·央行共同体的拥有者依然是合法的世袭体制，丝毫没有脱离封建世袭的"旧制"。

日本央行选择并扶植的三井财阀是江户幕府时期的"御用商人"，这从一个侧面说明主导日本的财阀，不过是换了一个"新主人"，除了丧失了民族资本和家族资本的特征，具有跨国金融代理人的特征外，没有任何改变。

"倒幕"战争绝非为了萨摩武士集团"一统日本"，而是打垮"中央"

分裂"地方"。江户幕府的海军实际控制者是榎本武扬（1836～1908），此人虽然仅仅是个"副司令"（海军副总裁），却是荷兰银行家集团的代表人，罗思柴尔德家族的东京太平洋公司，用的是荷兰语。银行家支持他在日本北海道独立，史称"虾夷共和国"（1869.1.27～1869.6.26）有时也称"第一箱（函）馆共和国"或"第一北海道共和国"，这个地区在那时叫"虾夷地"，以"箱馆"，即"函馆"为中心的一个"短暂的共和国"。

榎本武扬是留学荷兰的军事实力派人物，有外国支持，绝非一时冲动。但这激怒了岛津家族，引发了一系列的幕后协调和军事较量，史称"箱馆之战"，是倒幕"戊辰战争"（1868～1869）的尾声。岛津家族虽然维护了日本的统一，但"政治代价"很大，此后不久岛津久光就被迫退出了日本政治中心，"萨摩武士集团"的"维新三杰"先后身死。

榎本武扬却历任日本驻清朝公使、日本驻俄罗斯全权大使、海军大臣（"海军卿"）、"御林军总管"（"天皇"皇居御造营事务副总裁）、通信大臣、文部大臣、外务大臣、农商务大臣等显赫实权要职，把持"关键"。1908年在东京去世，享年72岁，比较一下"维新三杰"就会发现，72岁可谓"官运亨通"——就是代理人阶层的悲剧和"不听话的代价"。通过这一段历史小插曲，可以看出"倒幕运动"的复杂性和华尔街的力量。

2. 江户金融体系崩溃的实质

江户王朝是日本战国时代最后的一个王朝，初步建立了日本国有信用体系，已经开始建立现代军工、造船国有体系，并开始统一税收、货币体制，初步显现了一个欣欣向荣的日本民族经济体系的雏形。随着倒幕战争的全面爆发，日本陷入了一个长达十几年的内战阶段，跨国金融资本乘虚而入，主导了日本脆弱的民族工业体系和日本金融货币主权，如此顺利的重要原因之一，就是江户政权的消失。

萨摩武士集团，并没有真正形成一个替代德川武士集团的日本民族政权核心，而是建立了一个以岛津家族为首的日本门阀体系和萨摩集团中的"亲英美派"为首的央行集团两大相互斗争又相互联合的复合体系。由于建立萨摩武士集团的正是伦敦金融城和美国华尔街，所以这个体系从一开始就具有鲜明的银行代理人的特征，根本就没有维护"自己"货币发行权和民族资本的愿望，一切争斗都建立于个人利益之上和服从欧美金融僭主家族利益前提之下,这对日本央行战役的顺利实施是不可缺少的战略条件。

(二) 日本央行战役第二阶段——"官业民营"运动

1. 日本人民如何成了"国际债权人"的世袭奴隶呢？——"太政官纸币"（1868）金融战骗局

在这一段历史时期，日本有一个被遗忘的"官业民营"运动，让日本央行战役进入了实质性的阶段，也"规划"了日本的"未来"，决定了"日本强国运动"的性质。所谓的"官业民营"就是把日本中央和地方的各种国有资产，包括国有企业、生活资料和生产资料（包括土地、河流、矿山等）、社会上层建筑（教育、媒体、金融、货币、税收等），全面"外资化"，而且采用了一种"官业民营"的措施。也就是说，日本各级政府通过税收出资建立或干脆就是立法建立一个"机构"或企业，然后由交由一些外资代理人或门阀构成的"董事会"来"私下管理"，政府无权过问。19 世纪80 年代前后，通过收紧信贷、提高对本国企业税收，对外资企业免税招商等措施，慢慢的制造账面上的假亏损和假破产，财阀也普遍陷入亏损，但他们反而受益于这个形势，因为他们背后是央行和华尔街。独立央行和大藏省把这些国有资产，当做即将融化的冰棍，免费送给贪婪的华尔街顽童，甚至名正言顺地倒贴钱和更多的资产，要求着国际投资人集团收下。

这个畸形而又荒谬的金融战过程，极大地减轻了罗思柴尔德家族的投入压力，日本全体人民的财富，日本官方或民族资产的企业或机构，都出现了无力维持的假破产现象，迅速由"国际债权人"拥有，划归日本代理人的名下，这就是所谓的"日本财阀体制"的实质。

日本的"明治维新"的时间划分说法不一。本书从 1868 年算起，因为这一年"明治天皇"从京都前往东京，这一年采用了"明治"的年号（1868.10.23），也公布了《王政复古大号令（1868.1.3）》，江户幕府倒台也在这一年。但日本社会的动荡又持续了很多年，故此一般认为"明治维新"直到1889 年，日本确立君主立宪体制为止，不是改元明治后就立刻结束了，而是一个过程。

1868 年，"明治维新"还没有开始，或者说"刚刚开始"，江户王朝的"国都"江户，在这一年投降（1868.5.3），但"倒幕战争"还在继续，"明治维新"最早从 1868 年 10 月 23 日开始，再往前还是战国德川幕府时代。

可是，日本的货币发行权已经失去了！1868 年 4 月，大隈重信策划了一场史无前例的金融战骗局，这个英国银行家的"日本小翻译"，父亲是个

财阀的魔杖——日本金融战役史

在"合资火炮工厂"做工的火炮技工，被银行家看中，由他作为萨摩武士集团"倒幕"的筹资人。这特别类似于美国建立前，"提前建立"的美国第一央行·北美银行的行长，罗思柴尔德家族的银行代理人"罗伯特·莫里斯"，在北美大陆军中的"筹资人"的地位和情况，几乎是一个翻版，这就让他一举主导了日本的金融事务，堪称日本"央行之父"。

图片说明：1868年，"明治天皇"从京都前往东京的途中。

所谓的金融战役，就是用看似"公平、合法"的策略，公开欺诈、违法侵占财产的所有权、实体经济的所有权、一个国家上层建筑的主导权。日本人民从来就不欠罗思柴尔德家族的债务，大隈重信凭空"制造"出了一笔巨额债务，还让萨摩武士集团感恩戴德。

由利公正（1829~1909），"太政官纸币"也就是"太政官札"的发明者，这也就是"债务日元"的雏形，日本央行世袭股东的潜在"入围"候选者，横井小楠是通过学校培养的罕见的"亲藩大名"的"金融人才"，他通过横井小楠，得到了不知世道险恶，私心很重、野心勃勃，却与德川家族有紧密关系的"公子哥"松平庆永（1828~1890，时任幕府政事总裁）的重用，打着"金融改革"的旗号，蓄意制造财政紧缩，造成了江户王朝末期广泛而深刻的金融危机，最后演化成了全面的经济乃至政治危机，他"被迫下台"，没有他，德川幕府不会一下子就垮，史称"**由利财政**（江户幕府阶段）"。

横井小楠（1809~1869），萨摩武集团中的"肥前藩"熊本县的一个落魄文人，早期反对英美势力，后得到大笔神秘的赞助，遂开始"办学"，史称"小楠堂"（1843），不止一家，他是萨摩武士集团的智囊之一，手握金

第五章 "日本"财阀体制的形成（上）

融大权,1869 年 1 月 5 日神秘遇刺,被上田玄夫等刺客乱刀砍死。他在 1868 年 4 月,打着为"倒幕战争"筹款的旗号,发行了 0.45 亿元"太政官纸币",实际上就是日元,由于由利公正影响巨大,有时也被称做"由利财政（明治维新阶段）"。

日本的政府,甚至是一个想要统一日本的萨摩武士集团,发行"太政官纸币",替换各藩国发行的"藩札",这没有任何的错误,问题在于——大隈重信发行的是"账面数字"（实际没有进入流通）,名义上是"白银",实际上是"数字",如果仅仅是萨摩集团发行了统一日本金融体系的国有货币,用来表示日本的实体经济,则天经地义,结果却凭空与"国债"关联。这笔巨额债务,日本人民至今也没有还清,永远也还不清了,实际却没有借过一两白银。

名义上发行了大约 0.45 亿两白银等值 **"太政官纸币"**（1868.4）,还发行了大约 0.075 亿两白银等值 **"民部省纸币"**（1869.9）、0.068 亿两白银等值 **"大藏省兑换券"**。[1871.10,参考文献:（美）陈志武著.金融的逻辑.北京:国际文化出版公司.2009]。

说句题外话,美国金融人士陈志武的这本书得出了债务货币有利于国家和日本"强国"是由于"敢于借债"和引进"债务货币体制"的结论:"明治维新时期日本敢于利用公债支持发展,而同期清廷还忙于往国库存银子。结果,到甲午战争时,两国的国力已大相径庭",小标题是"藏富于民",这就是典型的美国华尔街"金融逻辑",也是债务金融主义历史阶段的产物。

这个所谓的"货币发行"就是"日本央行"的华尔街股东,随手写出的数字,当做日本账面信用,也就是"钱",进入流通。从欧洲古罗马时期,银行家就宣传金银本位理论,这古老的金融战骗局,再次显示了无穷的威力。

大隈重信认为日本政府的货币,没有"本位抵押"容易导致通货膨胀,实际日本此时是通货紧缩,这些国有信用货币的本质,是日本实体经济的镜像,不需要任何"本位抵押"。以此为为理由,把这些信用符号定为"白银",可日本哪有这么多白银呢？

"无法兑现"的"太政官纸币",以 60%～80%的年息,向"国际债权人"**借贷**。"1869 年,大隈重信接替由利公正的会计官副知事一职,开始执掌财政大权,并推行了"纸币兑换"政策。大隈重信的纸币政策是,"太政官纸币"转换为可兑换纸币,限期兑换、未能兑换的以**每月五朱**（5%）

财阀的魔杖——日本金融战役史

支付利息；发行额上限为 3250 万两（实际达到了 4500 万两）；纸币与正币同价，禁止纸币价格随市场浮动。"（参考文献：杨栋梁著.日本后发型资本主义经济政策研究.北京：中华书局.2007；文献直接来源：南开大学日本研究所数据库：http://202.113.26.27/articles/005.doc）。

"每月五朱（5%）"

有关这个问题，由于日本当时实行了一种极其特殊，又比较混乱的货币算法，故笔者对此稍作分析，"**五朱**"的利息，除非强调是"**每月**"，一般指年息，可私人借贷又与中国私人借贷的"几分利"一样，与国家利息不同，需要具体界定，故这个问题，有待进一步考证。

日本当时所谓的"两"约等于 15 克，这个很混乱，在 15 克～25 克之间，实际"幅度"可能还要大一些，成色、重量千差万别，兑换"人为因素"、"藩政因素"影响极大，不是个单纯的"数学问题"。

1 分＝1/4"两"、1 朱＝1/4 分、1 朱中＝1/2 朱、1 糸目＝1/2 朱中、1 小糸目＝1/2 糸目、1 小糸目中＝1/2 小糸目，这就是日本战国货币体系中的"四进制（二分金制）"。1 朱≈0.0625"两"，如果是"**五朱**"，则为 0.3125"两"，这个可能是年息 31.25%，这个稍低于罗思柴尔德家族给林肯开出的战争贷款 36%的年息。笔者参考的是学术文献（见上），不是参考日本原始史料，唯恐自身理解有误，故此稍作探讨，不算结论。

这个讨论的实际意义可能并不大，因为无论是"年息"还是月息，即便仅仅是 31.25%的年息，只要是复息，那么从 1868 年 4 月到 1890 年 4 月，利息可约达本金的 3491 倍，这个数字很大，请参看本章"明治维新"1868～1890 税收支出。如果罗氏仅搜集了 5%的"太政官纸币"（1868.4，实际是一笔"战时特别国债"）的债权，也将导致 1890 年的"应付利息"超过日本当年的中央财政税收总额。所以，有关"**五朱**"的换算率和"年息、月息"的问题，不影响结论，如果"**每月五朱**"，此处可以解释为"月息"，那这个问题就会更加鲜明，更有说服力。

纸币还好一些，如果真是硬币，这恐怕还涉及"换算口径的问题"，因为日本战国时期货币比较混乱，只能极其粗略地评估，很难严格界定，除非一个硬币、一个硬币地单独检验成色、重量后，独立计算，否则"精确计算"在统计目标无法准确界定的前提下，反而意义不大。

一个国家的货币，是一种强制流通，不需要向"接受货币者"广义借贷，事实上，日本学界普遍认为"太政官纸币"并不成功，这就要看对谁

第五章 "日本"财阀体制的形成(上)

说了,对华尔街来说"很成功",各藩国势力有抵触的原因很多。

(1) 对于日本各藩国来说,不接受"太政官纸币"是不愿放弃发行本藩国"藩札"的结果,更不会接受一个"脚跟还没站稳的萨摩集团"发行的"账面数字",可这种"必然不接受"的结果,才是"金融战奥妙所在"。

(2) 对于"国际债权人"来说,把这些"毫无价值,废纸一样"的账面数字,接手了下来,给出一些账面数字,日本政府却欠下了真金白银的国债。

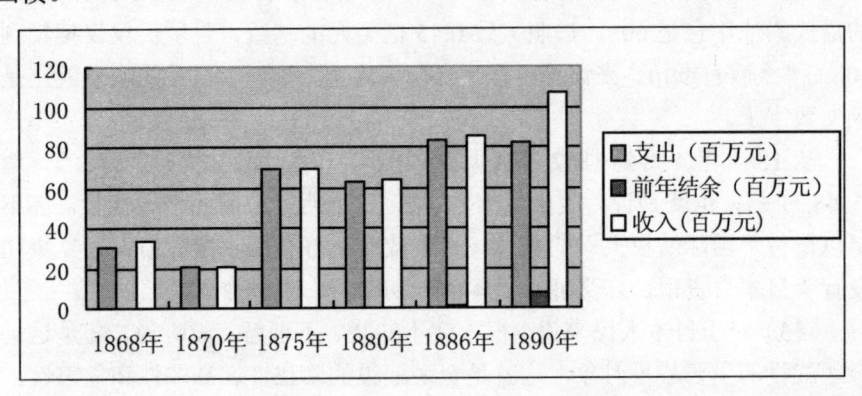

表格说明:日本"明治维新"时代,中央财政收支数额变化,可以看出 1868 年发行 0.4 亿~0.5 亿信用符号,与日本实体经济总量相比还十分不足,虽有硬币流通,但还是会导致通货紧缩型金融危机,当时日本有"通胀"的问题,唯一的可能就是战争因素与实际发行货币数量与政府记录"不符",后者对于"受益者"和日本各界来说,无异于掠夺和被掠夺。由此,也可以粗略估计"太政官纸币"发行债务化,对日本财政的"隐性压力"、"国际债权人"对日本人民的财富转移的程度、日本强国运动的"表象与内容"背离有多大,这种背离最后必将以激烈回归的形式进行不可逆的刚性调整——第二次世界大战后,日本战败投降,金融、工业全部"外资化",日本民族经济出现了剧烈的"非工业化"和"经济殖民化",这就是依靠借债"强国",依靠侵略邻国"转嫁金融危机"的战略后果。(参考文献:赵建民,顾庆立著.明治政府的"官业民营"政策及其社会影响,第 82~87 页,"日本年财政决算表 6".贵阳:贵州大学学报·社科版.1996,2)。

"金本位骗局"等"贵金属本位骗局"都属于金融战役学中的"**本位骗局**"。因为一个国家的货币,是全部实体经济元素和"预发行货币余量",即实体经济逐年发展所需预先配合发行的信用符号的镜像。一个国家的主币(本位币)无限法偿,强制接受,是民族主权与国家暴力的体现,不需

财阀的魔杖——日本金融战役史

要也不可能由该国物理范围内的任何一种或几种"独立的物理元素"进行"本位化"、"抵押化";不需要也绝对不能由虚拟经济范畴的"国债"进行"虚拟抵押",也就是货币所有权秘密转移,即从全体人民的代表,国家主权手中转移到"国际债权人"手中。只要实施本位体制,初期就会导致货币"国债化",最终必然是"财政债务化"、"货币债务化"、"最高权力央行化"、"国债国际化"、"财富分配跨国金融僭主世袭垄断化"。

仅"太政官纸币"0.45亿两这一项,每年利息按照"月息不计算复息"的最低累计年息是60%,按照大致0.45亿美元的基数,且罗氏仅仅搜集到10%的"太政官纸币"来计算,累计到今天为止,每一个日元的本息就已是天文数字了。

从1867年4月到1882年4月(1882年日本"独立央行"建立),增长68.71倍,也就是说,截止到1882年,日本明治政府的全国税收,都不足以偿付"国际债权人"的利息。日本政府只好交由"国际债权人"集团发行"日本"货币,广义拥有日本的一切财富,直到今天。

(3)对于日本人民来说,根本就不知晓、不理解、没听说,却是这场金融战役的主要战役对象,这就是金融战役的隐秘性、高端性和危害性。

2. 货币发行机构"大藏省"的出现

"大藏省"一般被误解为"日本的财政部",就如同纽约美联储一直被误解为美国政府的货币发行机构一样,可实际上大藏省一直隐藏在一团迷雾中,是"明治维新""官业民营"的产物,很难界定是"国有"还是"私有"。

日本古代官吏制度的形成,主要是仿照中国。实行"**官位十二阶**",即用6种颜色,"紫、青、红、黄、白、黑",每种还有"薄紫"、"薄红",实际是"副职",代表"德、仁、礼、信、义、智",是一种由12个等级形成的官吏体制。据传在603年确立,具体有待考证,此前则无法考证。

日本从8世纪以后,可以考证的政府主要机构是"**二官八省制**",即"祭司"("神祇官")、"宰相"("太政官"名义与"神祇官"平等,实际为上司,并下辖"八省")、"中务省、宫内省、大藏省、治部省、式部省、刑部省、民部省、兵部省"。基本沿袭中国官吏体制,据传由《大宝律令(701,也称"大律令")》确定,但这份文献没有保存在册,仅有8世纪以后其他文献中的引用为佐证,原文散佚,是否存在过,无法考证。

2002年以后,日本实施"一府十二省(厅)制",即内阁府、总务省、法务省、外务省、财务省、文部科学省、厚生劳动省、农林水产省、经济

第五章 "日本"财阀体制的形成（上）

产业省、国土交通省、环境省、国家公安委员会和防卫厅。

明治维新时期，萨摩武士集团通过"官吏改革（1869）"，开始"**二官六省制**"，即"神祇官、太政官"，"民部、大藏、兵部、刑部、宫内、外务"，从表面上看，没什么变化，实际"大藏省"却是一个很奇怪的机构。

（1）"大藏省"可考证的成立时间是 1869 年，但 1868 年 4 月所发行的"太政官纸币"，却早于"明治维新"最早的开始之日（1868.10.23），也早于"官吏改革（1869）"。

（2）"大藏省"表面上行使日本政府"货币发行"的权力，实际却主动把"货币发行权"交给了"国际债权人"，没有债务就不能发行货币，剥夺了日本的货币发行权，并且给日本各界制造了一笔以"纸币总量"为基数的无妄之"债"，世世代代也还不清，最终趋于无穷大，每秒钟产生的利息，都将超过日本年产值，乃至无穷，荒谬到了极点，可怕到了极点，却无人了解，也从来没有借过。

> 進攻受阻　把其餘的部隊派上去

图片说明：这是电影《最后的武士》再现的"西南战争"期间，英美"建军顾问"直接指挥"日本新军"，消灭倒幕战争中的主力"萨摩武装集团"中"维新三杰"之一西乡隆盛指挥的"叛军"。"独立央行·超级大藏省"体制，这种半封建、半殖民地化的"奇怪的体制"之所以得以建立，甚至凌驾于"萨摩武士集团"之上，原因就在于"大藏省"向"国际债权人"借贷账面信用数字符号，实际什么也没有借，是"周瑜打黄盖，愿打愿挨"。在故意制造日本政府的虚假负债，为建立"独立央行体制"服务，这些日本金融官员，就可以成为世袭的银行家，可以从这个针对日本各界的秘密广义财富转移机制中世袭获利，日本民族付出"一些永恒的历史代价"，又"算得了什么"？

独立央行出资组建了这支银行雇佣军，也就是"日本新军"，消灭了日本传统武

财阀的魔杖——日本金融战役史

士氏族集团。有趣的是,"新武士道"的剖腹照片、图书和思潮,却从"明治维新"开始涌现,史称"军国主义思潮",这一切都是"国际债权人集团"通过大藏省这个"官业民营"的神秘机构,才得以顺利实施,请参看拙作《货币长城》"金融战役三原则"。

(3)由于"大藏省"实际控制在"国际债权人"手中,也不是"官吏改革"的产物(实际是"大藏省"背后的"国际债权人集团"确定日本的"政治体制",而不是相反),"大藏省"的性质,无法说是"官",还是"私",唯一可以肯定的是:"大藏省"是"国际债权人集团"主导下的明治维新"官业民营"的鼻祖和产物,是一个金融战役制造的权力怪胎。

(4)"大藏省"在古代,权力类似于中国的"户部",实际权力在"宰相"和"幕府大将军"手中,"大藏省"的职权这时是比较恰当与有限的,不是一个全面管理国家财经金融事务的机构。萨摩武士集团的"大藏省"则是一个"官业民营"下的"外资金融托拉斯",把持着日本的货币发行、税收、贸易、金银铜外汇管制、度量衡标准化、物价管理、制定国家金融、货币、贸易、财政政策、编制预算和执行预算、监管一切国家经济金融活动、储备与债务、日本官员工资福利管理、"协调"日本政党、财阀、央行等关系、监管国内公私财务体制与执行、发行国债、管理国库、人才培养……甚至在"倒幕战争"期间,直接插手日本军队建设和军事指挥。

(三)日本央行战役第三阶段——"套取黄金"行动与"金本位"思潮的推动

1."金本位骗局"

日本央行即"日本银行"是1882年由外资建立的一个股份制盈利性金融机构,"日元"这个提法,出现于1871年6月27日,由大藏省提出,然后确立了下来。此前,包括"太政官纸币",用的都是"**两**",类似于银票和账面数字和记账国债,虽然也有"纸币"的作用。

由于日本战国时代的"**两**"是个很不确切的概念,不仅各藩国说法不一、各时期说法不一,甚至每次交易都要"具体硬币,具体计算",这就给整个日本金融带来了很大的麻烦,江户王朝不是不想解决,而是因为没有统一日本,虽然颁布了一些法律,也只能是"政令不出江户"。日元这个概念的出现,对于日本央行战役,有一系列的重大意义:

(1)1871年6月27日(明治4年5月10日),大藏省,这个"官业民营"的神秘机构规定,"1日元"等于1.5克纯金。"日元"即"日圆"现

在通用了，银行牌价一般用"日元"，故此这里全部采用"日元"，这个比价是1871年日元诞生时的含金量，不是今天日元与黄金的比价。

这一方面规范了日本战国时期的"金融乱象"，另一方面却等于宣布日本政府放弃了货币国有化的原则，正式开始实施债务货币体制，国家货币不需要抵押，也就是根本就不需要"本位"，而是一个国家实体经济的反映，"金本位"在金融战"本位骗局"中最常见——由于黄金可以私人拥有，实际上模糊了外国银行家的私人信用与日本政府的国有信用的界限，为建立"央行制度"奠定了"债务基础"、"制度基础"、"理论基础"、"认知和习惯的基础"。

（2）黄金这种几乎毫无价值，工业用途很有限的金属元素，主要控制在罗思柴尔德家族手中，日本建立之初，正式采用金本位，而又**绝对不可能有足够表示日本实体经济规模的黄金**，这等于宣布由罗思柴尔德家族正式主导了日本的货币发行，否则就要陷入"金币流动性枯竭型金融危机"，不得不建立一个"独立央行"，通过"抵押国债"，借入虚假的"账面金币"，等于交出了日本一切实体经济和未来的广义所有权。这本来仅仅是金融战役学的理论，但日本却"这样走了一遍"，令人欷歔。

（3）由于日本没有用黄金来描述实体经济，确立金本位等于宣布人为发动一场刚性的金融战役，直接导致全面的社会危机和政治危机。这场金融危机断断续续，直接导致了大量武士氏族的破产，几乎也是日本民族资本的总破产。

日本从"倒幕战争"到"西南战争"几乎战争不断，史料记载的"国民生产总值"和"明治政府税收"的大幅增长，主要源自国家的统一。这段时间日本实体经济大发展的背后，是广泛而深刻的殖民化，日本本来就很薄弱的民族工业出现了"非工业化"进程，与此同时，日本急剧膨胀的财阀工业，却不是日本的民族资本。在市场经济中，"你的"和"我的"有着本质的区别，日本代理人工业的空前繁荣背后，是日本民族工业和民族资本的逐渐消亡。20世纪30年代，日本民族工业基本全部退出了历史舞台，再也没有发展起来的机会，目前财阀工业是日本工业的全部，而财阀却不是日本的财阀，而是华尔街缔造的"日本的财阀"，这就是日本明治维新工业化过程的两面性。

2. 套取黄金

新兴的"金融集团"利用战乱和日本各界对于"金融问题"的不理解，

财阀的魔杖——日本金融战役史

开始"套取黄金"。这个战役步骤也从一个侧面阐述了一个有趣的问题。日本民间实际使用的是铜板,这个时候日本老百姓大多愿意接收从中国输入的铜币,主要是标准化、成色好,史称"渡来钱",日本各藩国和幕府铸造的各种货币,样品和头几批很好,甚至大量流入中国,但很快就滥铸一些"看着很像,成色或兑换率"有问题的货币,而且种类繁杂,各藩国又不统一,结果导致日本民间对于日本硬币接受度,一直不是很好。

商家使用白银,黄金很少使用,武士吃饭给两个"金叶子",这是影视文学的艺术化描写,人们主要使用铜币,铜币的购买力很好,老百姓白银很少花。这样,黄金就成了一种相对无用的贵金属,所以日本那时的金银比价与金铜比价与罗思柴尔德家族主导的"国际金融市场"不一样。日本"白银和铜比较贵,黄金相对便宜(兑换率)",这些日本金融人士就联合国际银团,用铜和白银套购日本黄金,让日本处于黄金枯竭化的状态。1874年之后,宣布实行金本位的日本,基本只有白银和铜可以流通,就是所谓的"银铜复合本位",但日本各界没有认识到"大藏省规定金本位"的"现实意义"和"历史意义"——日本金融和货币事务,从此完全处于拥有黄金的"国际债权人"的绝对主导之下。

1882年,日本央行建立,金本位的"日元"统一了日本信用"市场",要发行货币,依照"国际先进的金融理论",就必须"有足够的黄金抵押",没有,就只好借,也就是发行"金本位日元黄金国债",名义是"对所有人"发行,实际上只有以罗思柴尔德家族为首的"英美国际债权人集团"有能力认购,但是也没有真正"认购",一切都是"数字游戏"和金融战骗局——人们必须了解一个问题:日本没有任何机构有权力调阅日本央行的账目。

第六章

"日本"财阀体制的形成（下）

一、日本央行战役第四阶段——"独立央行"的建立

（一）松方财政

1874年以后，经过大藏省的"金本位"政策和"藩札（也称"私札"）取缔"政策，又加上秘密的"黄金外流"，日本大藏省和日本第一央行·第一银行，所谓的"三井财阀"在国际金银比价约为"1=16"的时候，利用手中特权和日本人民对金融战役的不理解，秘密制定了一个"1=12"的金银比价，然后"国际债权人"集团拥有的"独立央行"，反复"买卖"金银，一举控制了日本的金银，让日本陷入了全面的金融危机。

这是一个金融战役制造的诡异时刻——一方面日本陷入了严重的流动性枯竭型金融危机，另一方面被流动性全面枯竭遏制的实体经济，又反过来通过"自我缩小"，来"适应"不断缩小的"虚拟经济镜像"，以求消极摆脱危机的束缚，这个过程是破坏性的适应，是一种刚性矛盾不可调和时刻的经济瓦解，沉重地打击了日本的实体经济，不仅让日本实体经济迅速被外资控制，而且日本竟然出现了"流动性枯竭条件下的通货膨胀"——也就是在实体经济全面崩溃，社会成员普遍破产，极少量的硬币和纸币流动性反倒会以通货膨胀的形式表现出来，这是一种金融战役中经常发生的"特殊现象"。

西方主流经济学是不承认有这种经济现象，因为他们不承认金融战役的存在，也就是把这种现象解释为"通货膨胀"，然后给发展中国家提出进一步通货紧缩的"危机解决方案"，这就最终导致要么金融危机转变为政治危机，也就形成了"刚性矛盾刚性释放"，要么"外资流动性"进入，全面廉价主导一个国家级别的实体经济。

财阀的魔杖——日本金融战役史

（二）日本金融战役史小趣闻：日本历史上"三大紧缩财政"的秘密

这几个"超级紧缩型财政"阶段，被称作日本历史上的"三大紧缩财政"，即著名的：

1. 松方财政

"明治维新"时期的松方正义是日本大藏省第一任首脑。"松方财政"的直接后果就是社会信用枯竭导致的民怨沸腾和"迅速平息民怨"的"日本央行体制"的建立，不过是大量注入信用的鬼把戏，所以立竿见影。

2. 井上财政

井上准之助，"30年代大萧条"时期日本的大藏相井上准之助，在流动性枯竭型金融危机的情况下实施"紧缩财政""解决金融危机"，后果可想而知，直接导致日本农民普遍地破产，日本只能走上"军国主义道路"，否则就会"内爆"。

3. 道奇财政

这更加彻底，由罗思柴尔德家族控股的底特律银行总裁，银行家约瑟夫·道奇，实际还有一个哥伦比亚大学的学者舒普（C.S.Shoup）被派到日本搞"税制改革"确立了日本近代的税收体制。参考文献：[日]大野健一著，臧馨，臧新远译. 从江户到平成·解密日本经济发展之路（139页）. 北京：中信出版社. 2006。

银行家道奇直接管理日本"货币金融财政事务"，诸如著名的"360∶1"的日元汇率体制，就是由此人一句话定下的，史称"道奇财政"。这是第二次世界大战后，美联储导演的所谓的"马歇尔援助计划"的"东方马歇尔"计划的一部分，核心就是迫使接受"马歇尔计划"的国家，接受华尔街银行家的"金融货币财政预算监管权"，然后通过执行残酷的"紧缩政策"，让战火破坏的国家无法出现"战后恢复性增长"，又同时"进行大量美元援助"，也就是世界美元化，让各国陷入对美贸易顺差和美元信用输入的依赖，从而确立美联储股东，也就是罗思柴尔德家族对全世界的信用供给者的金融僭主地位和金融僭主集团对美元体系内的一切国家的广义财富转移机制。

道奇财政的直接后果，就是日本无法通过本国货币发行实现战后复苏，也就是本国根本就没有足够的虚拟经济信用符号来表示实体经济，通过虚

拟经济对实体经济的反作用，导致日本出现战后实体经济无法恢复的危险前景，从而必须依赖美国市场，实际是依赖美国货币——即"日本人民劳动，美联储给出数字"，更深层次则导致日本主权进一步的流失。

这就是为什么苏联和东欧拒绝了"东方马歇尔计划"，这种短期繁荣的代价狭义范畴是经济殖民地化、政府代理人化、财政债务化和货币私有化，广义范畴则导致国际秩序金融僭主化——美元化的金融实质是美联储世袭股东对接受美元地区的一切财富的广义拥有。

（三）金融战役和虚拟经济制造的"奇异的空间"

1874 年后的日本，就处于这样一个奇怪的物理空间，历史记载是"通货膨胀"，而实际是严重的通货紧缩。倒幕时期，金融集团通过强力扶植松平庆永（1828～1890），他是横井小楠精心培养的人物，欧美势力除松平庆永"不打交道"，幕府将军德川家定（1824～1858）明确表示过不同意，但"形势比人强"，此君上台后推行了一系列导致民变的货币政策，导致全面的金融危机和抢米风潮，江户幕府亡于此人之手，他"外若攘夷，内为代理"，倒幕前期是"攘夷派"领军人物，"对抗""亲西派"；倒幕后期是"公武合体派"，对抗"武装倒幕派"，一直是这样一个神秘的人物，身出幕府，而荣任"明治新朝"的内国事务总督、民部卿、大藏卿等职务，也是日本央行的缔造者和世袭股东的潜在"入围"候选者。

跨国金融资本的一系列金融战"措施"在日本制造了一个全民倒幕的风潮，这时又通过"流动性枯竭型金融危机"制造了一个日本"混战"的历史局面，先消灭了幕府武装，又打垮了占日本人口 7%的武士阶层，铲除了尾大不掉的"旧的"萨摩武士集团，并"注入了新的灵魂与活力"。

（四）"日本独立央行"的建立

1882 年，"维新三杰"已经先后离世，为了"解决"日益严重的紧缩型金融危机，通过紧缩信用，制造了这场金融危机的大隈重信、由利公正、吉原重俊等人，又联手提出了一个"解决危机"的金融方案——仿照美英建立央行体制。

日本迅速通过了《日本银行条例》，同时把"明治维新"时代开始的"官业民营"政策，继续发展为"金融产业民营股份制"，也就是把国家的货币发行和金融、财政、货币、预算、税收主权私有化、外资化了，这也深刻地改变了日本国家的性质，彻底扭曲了日本民族的"强国之路"，形成了一

财阀的魔杖——日本金融战役史

个复杂的"官业民营"为特征的广义财富转移机制——日本央行主导下的跨国财阀托拉斯体系,不仅仅是一个"金融改变",而是日本历史道路的大分水岭,是一系列复杂而深刻历史演变的结果、总和与出发点。

图片说明:日本央行,"日本银行"的东京本部。

这个《日本银行条例》,实际就是"日本央行法",这个所谓的"日本银行"却不属于日本,是一个地地道道的"外资控股的股份制营利性金融公司",这个"日本央行"在日本纳斯达克的证券代码是"8301"。1963年公开上市,实际上要早得多,因为日本央行建立伊始就是私人银行。当然,没有股东公开出卖日本央行股份的案例,这实际上仅构成了日本政府出卖"合资央行国有股份"的"央行彻底私有化"的一个"合法化"的过程,而不是央行私有化的过程,因为央行制度本身就必然是私有央行和私有货币。日本央行开始是一个华尔街控股的合资银行,不过日本股东入股的是权力与私欲,华尔街入股的是"空气"和渗透——日本央行的世袭大股东就是华尔街,也就是罗思柴尔德家族,世袭小股东"可能"就是1882年日本大藏省和"日本银行"的几个日本财政系统的国家公务员,具体股东不详,这可能是一个永远的秘密了。

吉原重俊,出任日本央行第一任"总经理"——"央行行长"。

(五)谁拥有日本央行,也就是日元是哪个银行家族笔下的"数字"?

有关这个问题,的确是重重迷雾,这份股东名单人们是永远也拿不到

第六章 "日本"财阀体制的形成（下）

的，但可以通过一些历史记录，探究一下这个神秘的历史角落：

1. 原始股东

由于，1882年"维新三杰"已经全部被"消失"了，日本幕府势力又在倒幕战争中消亡了，"天皇"是个摆设，其实"天皇"此时的处境极为微妙，谁也不敢说话，连最核心的萨摩武士集团的军事实力派人物"**西乡隆盛**"都造反被杀掉，日本军事权力直接由"英美国军事顾问"把持，大藏省无所不管，实际上是大藏省在行使日本的最高权力。

大隈重信、由利公正、井上馨、吉原重俊精心炮制了一个《日本银行条例》，这个条例，实际上搞了一个"合资"金融公司，却拥有发行日元的无上特权。一些文献说"1882年，日本通过了《日本银行法》"，这是一种很有趣的说法：一方面，1882年日本的确出现了一个叫做"日本银行"的央行，发行日元直到今天；另一方面，1882年，仅仅是日本大藏省，根据1872年日本大藏省的《日本国立银行法案》，自行颁布的一个"内部条例"，故史称"**日本银行条例**"——日本的货币发行权从名义上来说，还在"大藏省"手中，如同纽约美联储发行美联储券，却说是由美国国会的联邦储备委员会发行，这样就符合美国宪法了。

"《日本银行条例》第14条《特别规则》中有如下规定，即"可以银行券兑换银币"，"**日本银行所发行的兑换银行券数额必须以相当的银币来作为准备金**"。作为日本银行创立者及《兑换银行券条例》起草者，松方正义的初衷是，以比利时中央银行为样板，通过日本银行回收全国大、小国立银行发行的纸币，进而停止由政府发行纸币，不断地增加正币储备，实现具有私立性质、独立的中央银行体制，从而建立近代货币流通体系。"（参考文献：杨栋梁著.日本后发型资本主义经济政策研究.北京：中华书局.2007）

这个"日本银行条例"又如何实现了"**松方正义的初衷**"，也就是日本货币的私有化呢？奥妙就在于大藏省此前制订的"新货币条例（1871.6.27）"，实际规定了金本位，"日本银行条例（1882）"又重申了"银币抵押"，实际此时日本国内既无黄金，也无白银，除了被"套购风潮"运抵海外的部分，日本国内固有的硬币如何能满足工业革命所创造的实体经济规模呢？

这就让"日本央行"实际由这个"官业民营"的"大藏省"来作为日本政府借贷方，向"国际债权人"举债，才能发行"日本货币"。"大藏省"

财阀的魔杖——日本金融战役史

表面上还主动把权力交给了一个外资拥有的冗余金融机构——"日本银行"。这种"主动放弃,放弃的是日本民族的主权",央行实际是个"空壳机构",仅仅是一个牌子,不过是一个"虚假债务制造器",控制在大藏省和"央行"等几个人手中,形成了一个"央行集团",又服务于"国际债权人"。

由于"央行"的"独立性",谁也不能去查"央行"的账目,大藏省又如何会去查呢?奥妙就在这里。大藏省 1871 年规定了金本位,1882 年又把日元界定成"银币抵押",1897 年又搞了一个《日本货币法》,再次规定日元的金本位,这是为什么呢?

日元,那时叫"日圆(円)",最开始就被英美银行称作"Yen",也就是中文"元"的发音,这种"银币抵押"主要是虚拟账面"银元"抵押。这个时期,所谓的"中国银元"全部控制在罗思柴尔德家族手中(请参看"英国卷"),国际两大跨国金融资本的较量,以德国法兰克福犹太金融资本完胜英国苏格兰金融资本,宣告了罗思柴尔德时代的到来。

这个时期,能够支撑日本实体经济规模的"国际债权人",只有罗思柴尔德家族,考虑到日本早期金融人物与尼德兰银行家和"伦敦大学"体系的关系,以及"日元"在英语中的中文发音,可以粗略看出罗思柴尔德家族在第一次鸦片战争后,以中国香港为基地,依托"三大洋行"实施对日本实体经济的全面信用注入,这给日本带来了全面的、立即的、暴发性的"繁荣"和工业革命。"三大洋行"也就是"虎门销烟"中的"三大贩毒集团",都是罗思柴尔德家族所有,这时盘踞在香港且直接在美国华尔街开公司的,就是"美国罗素公司",也就是"美国旗昌洋行",实际这"三大洋行"是一回事,请参看"英国卷"。

问题是,这些金银本位的账面信用符号,并非是真正的金银,而是"账面符号",是日本实体经济和日本人民辛苦劳作成果的虚拟经济镜像,日本政府可以自己发行,根本就不需要一个"独立央行",更不需要为此向"国际债权人"举债。因为这带来了一笔以日元总量为基数的、以黄金和白银记账的、荒谬的、不曾存在过的、不能归还的虚假债务,世世代代压在日本人民的身上,本息最终会超过日本的税收,然后是产值……以致趋于无限大——2010 年,日本政府的狭义负债已经达到了产值的两倍。

从日本来说,原始股东就是 1882 年把持"央行"和"大藏省"的那几十个人,具体人员构成必将是一个永远的谜。有趣的是,即便华尔街把他们中的某些人从股东列表上"抹去",也不会有人出来喊冤——这事说不得、

提不得，见不得阳光。

　　2. 日本央行的大股东

　　"日本央行"这个事物，从发展来说，最早就是大隈重信在秘密倒幕期间和武装倒幕期间的秘密筹款小集团；真正以机构形式出现的就是"大藏省"，"日本银行"这个名号出现，则是1882年的"日本银行条例"的产物。

　　但从法理来说，从日本国立法的角度来说，这时日本没有"央行"，也就没有"央行股东"，而仅仅有一家私有银行的股东。因为"大藏省"的"日本银行条例"固然无人敢违背，但从法理上不能凌驾于日本"天皇谕旨"之上。这个条例不是日本内阁制（1885.12）的产物，不是日本的法律，也不是"大日本帝国宪法"（1889.2.11），甚至不是当时"宰相"，也就是"太政官"的命令，而仅仅是一个"部门"的内部条例。

　　大藏省打着"太政官"的旗号，发行货币或做任何事，没人敢管，但铸造、发行货币，不要说是现代社会，就是在封建社会也需要"谕旨"，实际这种"条例"是无效的，也可以说是违法的，绝对不是日本法律的产物，最多是"内部通知"，这种很微妙的状态，直到《日本银行法》出现，才得以结束。

　　《日本银行法》，是在日本深陷战争，日本各界的全部注意力都在太平洋战争上的"绝佳时期"，由日本金融集团悄悄地推出的这个对日本有着重大历史意义的正式央行法案，算是对1882年大藏省"日本银行条例"的"转正"。这一年是1942年2月24日，日本偷袭美国珍珠港是1941年12月7日，也就是"**昭和17年法律第67号**"，史称"**日本央行旧法**"。大藏省1882年"日本银行条例"，在1942年5月1日正式"废止"，实际是"转正"了。1997年6月18日制定，1998年4月1日正式实施的《日本银行法》，即"平成9年法律89号"，史称"**日本央行新法**"。

　　"**昭和17年法律第67号**"规定，"日本银行"（"日本央行"，不是"日本的银行"）是一家注册资本为1亿日元的金融企业，0.45亿日元由"私人股东拥有"，0.55亿日元由大藏省持有"国有股"。目前"国有股"已经上市"流通"，不过谁也没见过，开始似乎是一个日本国有控股55%的"国有金融机构"，实际上"国有股"进入"流通"，"日本央行"发行的"日元"就是如假包换的"一个外资私有盈利机构和外国控股者笔下写出的数字符号"了。

　　换句话说，"日本央行"是一个国际债权人集团控股拥有的私人盈利企

财阀的魔杖——日本金融战役史

业。根据规定，日本央行世袭股东盈利分红不得超过5%——问题是，这个根本就不需要的"日本央行"，以日元总量为基数来得到利息，还需要额外的"分红"吗？央行的世袭股东和"国际债权人集团"从法理上来说是分离的，这就是央行骗局的组成部分，所以央行本身是国有还是私有根本不重要，关键在于"分权"、"独立"和"债务货币骗局"、否定"预发行货币余量前提下的国债体制"，这会导致本国经济发展不可避免地依赖于"国际债权人"对本国发行货币为目的的所谓"国债"的认购，从而形成跨国金融僭主主导体制。

有位尊敬的老先生安排笔者思考一个深刻的问题："当前日元已经成为硬通货，如何理解？"答案并不复杂却很耐人寻味："金融僭主体制下，金融僭主缔造、拥有的货币都是硬通货，一切美元化的货币，也都是美元世界的硬通货。"

第二次世界大战，1942年的时候，全世界只有罗思柴尔德家族有能力同时操纵战争中的敌对各国（请参看"德国卷"），这不仅表现在美联储世袭股东，罗思柴尔德家族的代理人德国犹太金融情报世家沃伯格家族对德国军工联合体法本公司的拥有，在意大利也有类似的现象。剑桥大学历史学家彼得·马特兰最近从史料中发现，意大利法西斯运动的创始人，贝尼托·墨索里尼是英国秘密情报局驻罗马的负责人，银行家赛谬尔·霍尔也是英国外交大臣（1935.6.7～1935.12.18）招募的秘密情报人员，用于煽动战争狂热。

剑桥大学历史学家彼得·马特兰德发现："第一次世界大战时期，在俄国退出战争后，英国最不可靠的盟友就是意大利。从1917年秋天开始，墨索里尼每周都会领到军情五局发的100英镑薪水，大约持续了1年，作为鼓动意大利人民继续支持战争的报酬。当时的100英镑相当于现在的6000英镑。"彼得·马特兰德在浩瀚的历史资料中，发现了墨索里尼被军情五局招募、充当特工的细节。赛谬尔·霍尔曾在1954年的回忆录中提到墨索里尼被招募为英国特工的秘闻，但是彼得·马特兰德是首次披露墨索里尼领取的薪水数目、承担的任务等具体细节的。据悉，当时墨索里尼一方面负责右翼干涉主义报纸'意大利人民'（Il Popolod' Italia）的工作；另一方面，他告诉霍尔他将会派遣意大利退伍老兵去殴打米兰的和平示威者。"（参考文献：唐娜. 历史学家称墨索里尼曾当过英国军情五局特工. 新华网刊载：http://news.xinhuanet.com/mil/2009-10/14/content_12230-265.htm）

第六章 "日本"财阀体制的形成（下）

此处的"军情五局"，可能为"军情六处"，因为"军情几处"的说法，并不规范，是英国一种"通俗的说法"，已经废止，英国情报局和英国秘密情报局常被弄混，有时甚至可能是一种故意的安全策略，请参看"美国卷"。

图片说明：此为"日本银行券"，也就是"日元"，1885 年 1 日元纸币，相当于 1.5 克黄金，请注意：这是日元 1885 年的法定含金量，与目前日元与黄金的比价无关。当时一般"1 份金银，3 份纸币"，故此每发行这样 1 张纸币，要向"国际债权人集团"荒谬地借入 0.5 克黄金等值的"账面黄金"，并以此形成永恒的债权（奥妙在于什么也没有借，根本也不需要借，是金融战骗局）。如果日元从未贬值，借入黄金信用的利率为 1%，则 112 年后，1 份黄金，形成 3 份债务。实际由于"日元"贬值，抵押的黄金债务远远超过了日元纸币市值总量成千上万倍，这就构成了一场"国际债权人"为主的"日本央行集团"对日本各阶层的高强度的、不引人察觉的财富转移。图中英文和斜线为"货币样张"之意，非原始货币图案所有。

日本这个"央行法案"推出时，日本央行的行长是日本**四大财阀**（三井、三菱、住友、安田）之一的安田财阀的重要人物结城丰太郎。"财阀利益的代表者进入政府的各个重要部门，甚至某些财阀主导人物直接出任政

财阀的魔杖——日本金融战役史

府的要职,例如三井的池田成彬、住友的小仓正恒、安田的结城丰太郎、都曾直接出任第二次世界大战期间的大藏大臣"。(参考文献:于悦.日本政治中政商关系的历史传承性.济南:当代世界社会主义问题.2006,1)。

1942年2月24日之时的1亿日元,是否很多呢?依据《日本货币法(1897)》,这笔钱约合75吨纯金——只是相当,因为1931年12月31日,日本几乎与华尔街同步中止了日元与黄金的兑换,"国际债权人集团"就得到了日元的合法发行权,很便宜。这里不妨对比一个数字。

1945年8月28日,日本金融集团的元老吉田茂精心培养的日本财政集团的池田勇人(1899.12.3～1965.8.13,1945年时任大藏省主税局局长)出面找到劝业银行,融资1亿日元,给东京皇宫广场(天皇的住宅旁边)誓师成立的日本内务省警保局通令全国建立的"特殊设施协会",简称PAA,史称"世界最大的卖淫托拉斯",专门招待驻日美军。(参考文献:蒋淡远.近代日本娼妓史·第7部分.日本东京·日本新华桥网·日本新华侨报网站,2004,9,8;连载:http://www.jnocnews.jp/news/show.aspx?id=9503)。

他把这笔钱交给了"PAA"副理事长野本源泉次郎,池田勇人战后历任大藏相、自民党总裁、日本首相等要职。所以,不了解日本央行的来源和性质,就不理解日本金融集团和日本财阀势力为何在日本战败后,全面登上了日本的政治舞台,丝毫也没有受到冲击,反而空前兴旺起来的奥秘(请参看拙作"货币长城"的有关内容和注释)。

所以,拥有日本央行的大股东,也是第二次世界大战期间,为日本法西斯秘密融资,支持日本对美国、中国、俄罗斯等国家战争的"国际债权人集团"。由于苏格兰银团的资本影响力在第二次世界大战后,已经远远不能和德国法兰克福银团相比,基本是罗思柴尔德家族一枝独秀,"国际债权人"别无二人。一些参与分享这个用金融战骗局,世代奴役日本各阶层人民的央行世袭小股东们,则只能是"央行建立的功臣"。现在人们只是猜测,历史老人会给出答案。日本动画片《名侦探柯南》的主角小学生柯南有一句台词:"真相只有一个。"

(六)原因与构架——为什么日本央行战役进行得如此顺利?

1. 1882年日本央行体制确立的时候,日本政界没有了"维新三杰"

第六章 "日本"财阀体制的形成（下）

这个政治核心，社会各界饱受战乱和金融危机之苦，政治压力很大，日本统治阶层"选择和思考的余地"很小。日本金融、财经和货币等事务又长期由"大藏省"高层小集团把持，这个"实际的央行"，建立了一个"名义的央行"，1942年又把其变成了"日本合法的央行"也就"顺理成章"了。

2. 萨摩武士集团从一开始就不具备争霸日本统治权的实力，"倒幕四雄藩"的联盟、武力倒藩的"资金来源"、"明治新军"的缔造和训练、媒体建立和舆论准备、"明治时代"金融经济货币机制、"倒幕人才"的培养与组织……这一系列的重大问题，都是由跨国金融资本予以"协调"，甚至直接插手。萨摩武士集团内部，没有形成一个足以抗衡外国金融资本渗透日本的政治集团，岛津家族没有变成新的德川幕府，"维新三杰"轻易地被消灭了，这是代理人体制天然脆弱性和软弱性的真实体现。

德川幕府固然有各种问题，但离开了德川幕府的民族性之后，日本在政治上迅速地半封建半殖民地化，在实体经济所有权和工业化的问题上迅速地"外资化"，在金融货币税收预算领域迅速地买办化和私有化了。这就是日本"脱亚论"整体的"强国构架"，实际上是一场金融战役的总和，是跨国金融资本熟练运用金融战系统工程，轻易地征服一个国家的经典战例。

3. 日本"突然的强盛"和日本丧失货币发行权有着深刻的内在联系，都不是一个孤立事件，而是世界跨国金融资本空前强大到一定程度之后，开始走向金融主义时代的序曲。一个亚洲小国，由于金融资本的注入，迅速"强大"到足以在一段历史时期打败实力远大于自己的中国、俄罗斯等诸多邻国，不是"文明的先进"，不是"强国的胜利"，不是"武士道的战功"，更不是"人种和文化的优秀"，而是"明治强国"彻底的战略失败和代理人战争的胜利——日本工业化的代价是民族资本的消亡，不论从性质，还是从内容上说，与一场反侵略战争的总败仗，没有什么两样。

这是一个世界范围的资本凝结浪潮，日本仅仅是一滴稍触即干的民族主义小水滴，完全不具备中国和俄罗斯那种抵御国际金融资本的长期较量的战略潜力和强势文化，甚至不如同期朝鲜的反应。这与日本民族形成较晚，民族文化力量和沉淀非常弱小有关，那个时期的朝鲜国不是亡于日本，而是亡于跨国金融资本手中的"日本战刀"。

4. 日本央行体制的确立和日本货币的私有化，是"明治维新"时期**"官业私营"**指导思想的必然结果，不仅仅是金融产业的股份化，也不仅仅是社会上层建筑的私有化，而是日本主权的跨国金融僭主化和一切权力的僭

财阀的魔杖——日本金融战役史

主家族世袭化，是一种以金融货币主导权形态之争表现出来的民族主权与社会权利构架的彻底改变。

二、"孝明"之智、"明治"之艰、"大正"之谋、"昭和"之谜

日本央行战役的战略后果，对于日本的"强国之路"无异于南辕北辙，对于除了央行集团的日本上层无异于釜底抽薪，如果认为"天皇"为首的日本传统势力，绝对没有认识到问题的存在，没有进行过抵抗和较量，那是不客观的。但失去了幕府军事支持的"天皇"，所能作的只能是一些"计谋"，最多不过是明哲保身、顺势而为，胜利的可能性微乎其微。

（一）"孝明"之智

日本孝明"天皇"（1852.11.3～1912.7.30），被日本一些书籍描写为优柔寡断，庸碌无为的人物，这不是事实，是有着深刻金融战背景的伪史。孝明"天皇"、大正"天皇"、昭和"天皇"，是日本"明治维新"前后，央行战役前后，日本半封建半殖民地化前后的3个"天皇"，是日本金融战役的见证者。

孝明"天皇"此人，在19世纪极为复杂和险恶的局势下，面临内忧外患，外有"黑船"，内有"倒藩"，又没有实际的主导权，可谓难中之主。"倒藩"势力一直打着"还政于天皇"的旗号，全力拉拢孝明"天皇"，但是他一直冷静地维护德川幕府的正统地位，被讥讽为"软弱"和"庸碌"，而丝毫不为所动。

孝明"天皇"是当时日本极少数具有战略远见的政治家，他没有被"还政"的权杖所诱惑的关键，自然不是对权力的"无视"，而在于他看出了江户德川幕府虽有"挟天子令诸侯"之嫌，但"天皇"一直没有过实权，只是由日本武士氏族集团维护的日本神道的象征，与中国那种权臣架空皇权的情况并不尽相同，"幕府体制"与"天皇体制"一直相互支持，在日本形成了一个民族核心，而"倒幕势力"则截然不同。

萨摩藩是日本当时偏远的地域，由"耶稣会"主导意识形态，实际上是跨国金融资本的代理人，不能简单看成是日本民族内部的德川武士集团之外的另一个武士氏族集团，最终必将起到弱化，甚至消灭日本神道的历史作用，而不是一次"传统的幕府变更"。萨摩集团不是单纯的武士氏族集团，而是跨国金融代理人集团，这在日本是一个新生事物，但孝明"天皇"

第六章 "日本"财阀体制的形成（下）

冷静且颇有远见地看出："倒幕"就是"倒天皇"。

所以，孝明"天皇"坚决抵制所谓的"**王政复古**"，（就是把权力交给"天皇"），并且坚定地支持国内的"攘夷派"，还把妹妹其妹和宫亲子内亲王嫁给第十四代征夷大将军德川家茂，以此形成了一个日本民族抵御外侮的政治核心，史称"**公武合体**"，就是"天皇"和"幕府"积极联合，抵制外侮。这实际在抵制以"尊皇攘夷"为口号的萨摩武装倒幕图谋，孝明"天皇"的攘夷是真正的"攘夷"，萨摩藩的"攘夷"是一种口号和策略，这种尖锐对立和口号交织的背后，是爱国主义与买办主义的激烈较量，跨国金融资本对孝明"天皇"恨之入骨。

图片说明：孝明"天皇"（1831.7.22～1867.1.30），明治"天皇"的父亲，堪称日本战国末期最优秀、最有远见的政治家，是日本民族的骄傲，是一位不为个人眼前私利所动，深谋远虑的爱国者、战略家。

松平庆永这个人搞垮了幕府，实际幕府将军德川家定不想用此人，曾经说过："让庆永担任大老，从家格的角度来看不行，最适合的人选是彦根的井伊直弼，可1860年，"井伊直弼"神秘遇刺身死，只好用了松平庆永。在这个历史时期，把持日本皇室内廷的人叫岩仓具视（1825.10.26～1883.7.20），在他的精心照料下，孝明"天皇" 1867年1月15日突然得了天花，可是孝明"天皇"年仅35岁，正值壮年，身体强壮，意志坚强，顶过了危险期，病情开始好转了！1867年1月29日，孝明"天皇"的天花已经结痂脱落，他起来吃东西，虽然此后会有些麻子，但没有大碍。可1867年1月30日吃过晚饭后不久，大约在23点突然七窍流血而死！当时

就有人说，岩仓具视用砒霜毒死了孝明"天皇"。

岩仓具视此后摇身一变成了"明治维新"的金融派，组建**"岩仓使节团"**，与大久保利通、木户孝允、伊藤博文等高官周游欧美，风光无限，积极参与建立了1882年日本央行体系，是"明治新朝"的左大臣。萨摩武士集团的核心人物，岛津久光就曾历任左大臣，后被迫辞职，岩仓具视的地位竟然几乎与之相等。日本央行建立后不久，他突然暴毙。

（二）"明治"之艰

在德川幕府时期，将军府在江户，"天皇"在"京都"（也就是江户附近），"明治维新"的1868年，明治"天皇"迁都东京，开始了"明治时代"。他的父亲七窍流血却不敢去查，身边就是岩仓具视，幕府又被击垮，父亲孝明"天皇"苦心建立的攘夷政治团体，悉数灭亡或倒戈，满朝尽是"新人"，更深层次的问题是：日本"天皇"一直就没有政治团队，依靠日本神道威望和历届幕府武力服人。

明治"天皇"虽然处境极为险恶，却处乱不惊，显示出了极高的政治手腕，颇有乃父之遗风。他审时度势，没有被孝明"天皇"的影响蒙住双眼，而生搬硬套，把萨摩武士集团看成铁板一块。他准确地捋清了纷繁复杂的人脉，这对于一个缺乏政治经验的年轻人来说尤为可贵。他利用"天皇"的威望和复杂的朝野矛盾，拉拢了几批人，建立了一个以日本武士氏族集团为核心的政治门阀利益集团，这是当时日本唯一与央行财阀集团联合却独立存在的政治集团，也就构成了"明治维新"之后日本一切金融战役的人事背景。

1. 岛津家族为首的萨摩武士藩主势力

这批人对央行集团把持朝政心怀不满，本来是倒幕的核心，却被排斥打压出了决策圈，内心"很不平衡"。

2. 日本武士氏族集团

江户时代占日本7%人口的武士氏族阶层，在"大藏省"制造的金融危机中，纷纷破产，除了极少数新贵，大部分沦为浪人，甚至还不如早期的农民。1867年以后的"大政奉还"、"王政复古"，"王政复古大号令"以明治"天皇"的名义，在1868年1月3日颁布。仿照欧洲文艺复兴形式的"工业革命"的确广泛而深刻地出现了，但日本的封建社会构架不但没有被削弱，反而得到了加强，心理和经济落差最大的阶级就是武士氏族集团。

第六章 "日本"财阀体制的形成（下）

江户时期日本的民众构成是"武士、农民、手工业者、商人"，武士氏族集团位置最高。"明治维新"之后，日本上层是央行集团一手遮天，中层是手工业者和中小商人，下层是以种地为生的农民，武士阶层少数被封为华而不实的"华族"。

"四民平等令"把中下层武士，故意分化成"士族"，却又不是官吏，军队把持在"英美军事顾问"手中，新的"四民平等"不过是用"皇族、华族、士族和平民"替代了日本古代的"士农工商"，弱化了日本民族工商阶层，分化了日本武士氏族阶层，反而突出了封建等级制度和姻亲门阀，所以"四民平等令"是一种历史的倒退，这不能单看里面有"平等"二字，而要看"四民"的实际构成，其根本目的是为了在日本发展代理人工业体系，消灭日本民族工业萌芽铺平道路，故"并没有影响日本的工业革命"，而是出现了一个外资工业在日本蓬勃发展的局面。

大多数武士，尤其是中下层武士很多都陷入了破产的境地，处境非常悲惨。包括早期享有国王权力的世袭藩主武士家族都在"废藩置县"（"3府72县制"）处于被架空的状态，丧失了征税权，更无力豢养长期依附于各藩主的中下层武士家庭，"藩主、大名"都坐吃山空，中下层武士一片凄惶愤怒，所以"叛乱不断"，最后连"维新三杰"之一的西乡隆盛都开始反对"明治维新"了。

明治"天皇"全力拉拢这个阶层，但历史的负面影响使其不自觉地站在了发动对外侵略战争的边缘，箭在弦上不得不发了，因为出于强大的历史惯性和生活惯性，这些武士氏族集团，尤其是中下层，被蓄意推向了战争，祸水外引，以邻为壑，不自觉地成了跨国金融资本征服包括日本在内的亚洲各国的刀和枪。明治"天皇"的策略，包括"安慰"、"联姻"、"嘉许"，这些看似不大的小动作成本很低，却由于日本神道的传统号召力，实际上或多或少地影响了日本的政治格局，隐约初步形成了一个以"天皇"为核心、武士氏族集团和落魄幕府势力为基础的门阀利益集团。

3. 从众者

"明治维新"把"天皇"推得很高，虽然这是一个弱化"天皇"，使之坐上佛龛，远离实权的策略，但也影响了一部分日本人，尤其是中下层，视"天皇"为神的大有人在，这些人只要明治"天皇"不犯太大的"众怒"，就会被拉拢到身边，形成一个广泛的政治基础。但前提是"天皇"要逐渐使之上层门阀化和下层产业工人化，明治"天皇"没有做到这一点，他实

际上点燃了日本对外侵略战争的导火索,让上层军部化,下层士兵化,也间接加速了19世纪末日本的半封建半殖民地化和军国主义化的历史过程。

一句话:"明治"之艰,贵在不可能的条件下,影响了日本的政治格局,终也没有把巩固"天皇体制"和维护日本民族的根本利益结合起来,这无疑是一个历史的遗憾,也是日本民族的遗憾。最终也必将是"天皇体制"的遗憾,这种遗憾的产生,仅从明治"天皇"个人来说,不是政治才能的问题,是封建"皇权"的狭隘与追求和历史条件使然。

(三)"大正"之谋

图片说明:(左起1)岩仓具视(1825.10.26～1883.7.20);(左起2)明治"天皇"(1852.11.3～1912.7.30);(左起3)大正天皇(1879.8.31～1926.12.25);(左起4)昭和天皇(1901.4.29～1989.1.7)。

日本大正"天皇"面对的环境更加复杂。明治"天皇"为了维护日本"天皇"体制的私利,成了对外发动侵略战争的"领军者",直接出任总司令,并建立了一个世袭门阀体制,这部分保留了日本的民族主权,但结构不合理,军国主义色彩鲜明,世袭体制也落后于日本工业革命的进程,军国主义更是把日本拉入了侵略战争的泥潭。"**岩仓使节团**"的伊藤博文在"维新三杰",尤其是大久保利通被神秘暗杀后,主导了日本的政局,却被政治手腕很高的明治"天皇"拉到了身边。

伊藤博文1909年10月26日抵达中国哈尔滨火车站时,被朝鲜爱国者安重根刺杀,这个历史事件的背景实际要复杂得多。伊藤博文本来是"金融派",被拉到"天皇派"后,游离于"军队势力"和"央行势力"之间,试图左右逢源。他的遇刺发生在与包括沙皇财政大臣在内的俄罗斯银行集团秘密会面的前夕,对明治"天皇"打击很大,间接导致了他的健康迅速恶化,最后死于"肾病",如果不是暗杀的话。

第六章 "日本"财阀体制的形成（下）

大正"天皇"接手时，面对央行集团和"军国主义势力"的双重挤压，具有讽刺意味的是，"军国主义势力"也就是军队中的法西斯极右势力，是这个时期日本的、被扭曲的、被误导的"民族主义能量"的携带者，是金融战役打击下的畸形果实，"央行集团"反倒带有"和平主义色彩"，这种"和平"与"战争"的唯一区别就是金融冷战和金融热战的区别，其他别无二致，这种伪"和平"主义的实质更加肮脏和可怕，与日本军国主义沆瀣一气，不过是一个硬币的两面。

大正"天皇"不愿立即发动全面的侵略战争，因为他可能已经看出日本这种四面出击的结果，必然是以彻底失败而告终。更为重要的是，他首先希望看到的不是日本的"对外侵略战争的胜利"，而是日本央行集团与"军事集团"的火并，这就需要把他自己从政治较量的焦点中转移出来，又不失"天皇"之位！他就开始装疯，把持朝政的央行集团就立刻用"太子监国"，也就是扶植一个"小孩子"——"昭和天皇"（"父子共治"）。

"太子监国"的开始时间是"望远镜事件"。据说，1913年，大正"天皇"在检阅时，用"诏书"卷成圈四处看，然后翻检受阅士兵的物品，也有一说"望远镜"和"翻东西"这两件事发生于不同的场合，"望远镜事件"发生于1919年，因为日本没有正史记录，很难确定具体时间，大抵如此。1921年，昭和"天皇"正式监国摄政，实际却开始于1913年，那一年"昭和天皇"还是"太子"，年仅12岁。

大正"天皇"此举，以退为进，不动声色，扶子上台，扶植神道，神化"天皇体制"，使自己超然地、巧妙地摆脱政治焦点，又能无为而治，直接引发了"央行集团"与"军部集团"的一系列殊死较量，可谓"大正之谋"。但是大正"英年早逝"，年仅48岁就"病故"了。（参考文献：黄尊严，冯瑞云著.日本皇宫100年内幕.济南：山东人民出版社.1998）

（四）"昭和"之谜

昭和"天皇"这个人所面临的局势，对"皇族利益"来说，是"黑船事件"以来最好的一个时期，而他本人则既没有"孝明"的远见和气度，也没有"明治"的手腕与权谋，更不理解父亲"大正"的心机与苦心，昭和"天皇"是家族3代政治能力高峰后的低谷，他的许多优势却完全丧失了，还具有侵略思想，妄自尊大，野心勃勃，鬼迷心窍。日本发动侵略战争，他是罪魁祸首之一，不论对亚洲人民，还是对日本人民，都负有不可推卸的历史罪责。

1. 他拥有了一个广泛支持"天皇体制"的法西斯极右军队中下层的基础，第一次有了维护日本民族利益和"天皇"安全的可能性。

2. 他拥有了一大批在日本央行战役中，被排斥在金融代理人小集团之外的世袭门阀的潜在支持者。

3. 日本有了一支足以保家卫国的军队和军工体系，只要进行正确的引导和国防工业国有化、国产化，就有彻底消灭金融买办势力，一举夺回货币发行权和日本实体经济广义所有权的可能性，这种可能性如果得以实现，日本就有可能走上与邻为善、和平发展，屹立于世界民族之林的积极前景。

昭和"天皇"没有这样做，没有做这样的"尝试"，而是沿着错误的道路，快步走了下去，发动了对外全面侵略的荒谬战争，也实际摧毁了日本武士氏族集团演化而来的新军事贵族集团，与日本世袭门阀集团与日本萨摩金融代理人集团演变而来的央行财阀集团的政治平衡。这很微妙，外表看不出来，但这对于"天皇体制"是一个致命的战略打击，掏空了"天皇体制"赖以生存的政治基石。

唯一可以解释昭和"天皇"这一系列做法的潜在原因就是——他被表面的"权力"和"尊重"蒙蔽了双眼，被内心的"权力欲"和"大日本帝国天皇美好前景"所诱惑，没有看到"天皇体制"的巨大危机。他没有认识到，日本军国主义侵略战争不得人心、"盟友险恶"、"目标虚幻"。他更没有看到，日本实际的统治者是央行财阀代理人小集团的险恶现实以及日本对外侵略战争最终必然失败的前景。日本军事集团的"解除武装"和日本央行财阀集团的"一枝独大"对于"天皇体制"的战略后果，对"天皇"的实权是一个巨大的冲击，有釜底抽薪之势。昭和"天皇"见"利"而不见害，这就是"昭和之谜"。

三、日本央行体制和日本财阀体制

（一）日本财阀体制的实质与特征

从表面上来看，似乎日本央行和大藏省在后期主要由财阀体制直接执掌，甚至凌驾于金融集团之上，《日本银行法》（即"日本央行旧法"1942）就是由安田财阀代理人直接出任央行行长时期通过的。这给人一种日本财阀建立日本央行的假象，似乎日本民族资本，日本的某一个家族拥有着日

第六章 "日本"财阀体制的形成（下）

本的货币发行权，"似乎还不算太糟"，实际绝非如此。

1. 必须明确一个严肃的原则问题：无论金融僭主体制由哪一种肤色、宗教、姓氏来实现，最终都将走向暴力金融主义的险恶之路，"骄傲"和"欣赏""我们民族某个人拥有了货币发行权"，不仅愚蠢，而且危险。

2. 日本央行集团，在"明治维新"时期，拥有的是跨国金融资本协助建立，"英美军事顾问"直接出面指挥和培养日本军事指挥官的"现代化新军"和以此为依托的"信用发行代理人集团"。这个体制的建立，就是对日本所有财富和实体经济广义拥有的开始，日本民族资本都是金融代理人阶层的奴仆，要么代理人化，要么泡沫化，没有第三条道路。

3. "明治维新"，由于建立了一个跨国信用代理人机制，交出了货币发行权，跨国金融资本迅速赋予日本一个"迅猛出现的强国假象"，在日本迅速工业化的背后，是实体工业所有权的外资化，日本民族工业如同烈日下的朝露，迅速地消失了，而不是发展了起来，这就决定了日本"工业化"的性质是日本的殖民化和日本民族工业发展的非工业化，根本就不具备出现日本民族财阀的生产力基础，而必然是"在日本的财阀"。

4. 日本的财阀是由日本央行集团挑选的一些代理人，这些所谓的"财阀家族"，也就是日本"四大财阀"，不过是4个世袭经理人家族，他们从资本结构和人脉上，直接听命于"跨国公司"，根本不具备独立性，由他们取代日本早期的萨摩金融代理人集团，如同用萨摩金融代理人集团替代萨摩武士氏族集团一样，不仅必要，而且有利于在日本推广跨国金融僭主体制，但这绝不能等同于"日本财阀建立日本央行，日本民族资本拥有日本的货币发行权和金融经济税收预算控制权"，事实恰恰相反。

5. 日本财阀之花，发展于跨国金融资本的土壤，盛开于"国际债权人"主导日本信用供给的季节，只能是一朵美丽的虚拟经济之花，一切的所有权必然归金融僭主所有，不过是跨国垄断金融资本主导日本生产关系的一个金融战工具。

6. 日本财阀体制，有着深刻的封建历史根源和封建文化特征，是跨国金融资本依据亚洲封建体系相对巩固和完善，有着欧洲不具备的民族主义和爱国主义的优秀传统的特点，相应的制订的一个金融战主导系统策略和金融心理战欺骗体系，内容与华尔街的皮包银行公司别无二致，形式上却掩盖在一个看似荣光的世袭门阀家族的光环之下，这种所谓的"财阀家族"，不过是高级的华尔街银行在日本的经理人通过皮包银行，用股份制的武器，

操纵和拥有着日本一切实体经济的所有权。此时的目的不再是战术上取得多少日元的回报，而是维系和巩固这个广义财富转移体制本身，也就是维系和巩固跨国金融僭主体制本身，在"经济死人"上涂抹一点爱国主义和民族资本的彩妆，使之装扮成一个"经济巨人"，一个控制在跨国金融资本那只看不见的手下的一个"提线木偶"。

7. 日本财阀成员之间的相互联姻，不过是"员工阶层为了巩固工作和收入而进行的内部联姻"，并不是真正的"资本联姻"，这些财阀成员和财阀机构固然权倾日本朝野，影响遍及世界，但这种权力来自"国际债权人集团"，也就是美联储、世界银行、国际货币基金组织、国际清算银行、欧洲央行等一系列跨国金融企业的"出资"缔造者和世袭拥有者——罗思柴尔德家族。问题是，这种所谓的"投资"仅仅是账面骗局，真正出资的还是日本人民，日本的工业化源自日本人民的辛勤劳作，日本的工业体系本来应该归属于日本人民，而不是华尔街金融僭主。

8. 任何有关夸赞和模仿日本财阀体制，以之为师的说法，都是不切实际的梦话，在世界私有制资本凝结之时，已经步入家族世袭、信用私有的恶劣环境下，任何小的私有制资本，只能是金融战役的目标，而不可能在金融战役的热带雨林里，从一颗种子，长成与老树争辉的参天大树。这个历史时期过去了，资本主义强国，走资本主义道路维护发展自身的历史条件，随着世界资本的凝结程度的变化，已经不复存在。日本的财阀化，就是代理人化，模仿日本财阀体制，就是推行金融僭主体制。道理很简单，却有点陌生——从来就没有"日本财阀"，只有"在日本的财阀"。

（二）日本财阀权力构架示意图（由上至下的金字塔）

主导者——"国际债权人"

第一层——"日本的独立央行"和"日元体系"

第二层——"大藏省"（目前的"财政厅"与"金融厅"）的"**官业**"与"三井、三菱、住友、安田""**民营**"银行体系的两面硬币

第三层——"日本虚拟经济"

第四层——"日本实体经济"

第五层——"日本一切阶层"，包括上述小集团，这种"剥夺后予"的策略，并非无用，而是"国际债权人"拥有日本财富所有权和分配权的刚性机制和基石性原则，也是日本生产关系的构架和日本上层建筑的总和。

第七章

财阀头上的"魔杖"、
授人以缰的"强国"

一、日本五大财阀的起源之谜

（一）三井财阀

1."三井两替屋体系"的出现与江户王朝的灭亡

"三井"这个名字，人们不是很熟悉，但新日铁、三井住友银行、商船三井、三井造船、石川岛播磨、丰田、东芝、索尼、松下、三洋、NEC……这些产业巨头的名字却家喻户晓，他们都是所谓的"三井财阀"的下属成员（参考文献：白益民著.三井帝国在行动·揭开日本财团的中国布局：北京：中国经济出版社，2008）。

把"三井"看成是日本的财阀、日本的民族资本是一种误解；把日本财阀，看成是"日本民族的产业集团"是一种对日本金融战役史的"摘录"；把"三井财阀"看成一种"日本民族资本强国的历史经验和老师"，则不仅背离了历史的真相，也是危险和错误的，道理很简单——日本民族资本的萌芽，已经被扼杀在摇篮里。

一句话：所谓的"日本财阀"之路，是一条民族资本的死路、是日本金融战役的产物、是一个引人警醒的惨败战例，是一个开始于19世纪，需要绕开的、有着鲜明民族历史心理学诱导色彩的金融战陷阱，绝对不是"学习的老师"、"重复的荣途"、"仿照的典范"。

在私有制和市场经济的历史范畴内，脱离对实体经济和所创造财富的所有权的主导，就背离了私有制和市场经济最基本的基石原则和游戏规则，只能进入一场自欺欺人的虚幻迷梦，梦醒之时，面对的必然是一片民族资

财阀的魔杖——日本金融战役史

本的瓦砾和虚拟经济的沙滩楼阁，"国际债权人"吹一口气，注入资本，则万物复苏，吸一口气，收回资本，则冰消瓦解，"强大"和"繁荣"会须臾不见，这就是私有制中所有权的基本价值，这就是市场经济中的最基本的一些东西——"你的"，还是"我的"，确定后，交换，牟利。

日本江户幕府时期，曾经有过一个"三井家族"，早就被跨国金融资本兼并了。创建了三井家族产业的是八郎兵卫高利（八兵卫高利），大约出生于1622年，1694年5月29日去世。他父亲叫高俊，是伊势（约今三重县伊势地区）的酿酒者，后来就有了几家当铺，这就步入了金融业。八郎兵卫高利感觉不满意，1673年到京都开和服店和百货店，就是"吴服店"和"越后屋"（三越百货公司的前身），并不是真正开服装店和百货，而是利用日本平民的朴实与对负债危害的不理解，同时巧妙地利用了破落武士阶层的虚荣心，通过放贷售货，迅速发展了起来，实际是放高利贷，并且有了连锁店。

高利贷是违法的，这种"消费信贷"本身就是一个肮脏残酷的骗局。因为一个人买东西都要借债了，哪会还得起高利贷呢？很快就被弄得家破人亡，这样就给高利贷者带来了坏名声，大家就开始抵制八郎兵卫高利。这就迫使他脱离了酿酒、百货的核心业务，实际上却开始在更大范围放高利贷。他上结幕府，下联盗匪，把这个不合法的高利贷买卖支撑了下去，"两替屋"（专放高利贷）就成了主体了。他实际很类似于清朝"伍绍荣"等人违法贩毒，却被看成"天子南库"的情形，实际是八郎兵卫高利用高利贷搜刮民财，幕府则外显清廉，幕后分赃，提供"保护伞"，形成了一个金融怪胎。

八郎兵卫高利名声不好，也想办法摆脱，就说自己是日本古代一个高官藤原道长的后人，据说这个高官后人居住于三井寺附近的一个小村落，故此八郎兵卫高利，一般被后人称作"三井高利"，也就是所谓的"三井"家族的"第一人"了，关于他的这些说法，恐怕无法考证。

三井高利的遗书，史称**"宗寿居士古遗言"**，明确提出**"须开长崎路，做异国生意"**，家训第10款"長崎に出でて、夷国と商売取引すべし"，这里的"夷国"，不是指中国和朝鲜。从此三井的高利贷**"两替屋"**，后来改名叫"兑换所"，不仅在江户、京都、大阪有了11家分店，也逐渐成了跨国金融资本在日本的代理人。1651年以后，一般被认为德川幕府开始走下坡路了，但却与"三井两替屋"的迅速繁荣形成了鲜明的对比。这种虚假的高利贷繁荣的背后，恰恰是日本民族资本的崩溃、江户王朝的腐朽、三

第七章 财阀头上的"魔杖"、授人以缰的"强国"

井集团的"变质"、武士氏族集团的破产。高利贷集团对日本德川幕府的破坏，犹如鸦片集团对中国清朝的破坏一样，几乎如出一辙。

逐渐跨国金融代理人化，民族高利贷资本特征逐渐消失之后的"**三井两替屋体系**"，也就如同中国清末繁荣一时的钱庄体系一样，掏空了腐朽没落的封建幕府，搞垮了傲慢无知的武士氏族，也就丧失了赖以生存的民族基础、社会基础和经济基础，不得不紧紧依靠于外国金融资本，集团内部的资金链无法稳定地依靠掠夺性、破坏性极强的高利贷体制得以延续，目前在日本仅是一个黑社会控制下的"特殊的金融产业"，而不是主流的金融产业了。

这种高利贷资本的扩张和"繁荣"有点类似日本木制古建筑中的白蚁，当房屋要倒塌时，白蚁就必须"另寻他途"了，这就是"**宗寿居士古遗言**"的历史背景。

2．日本第一央行·第一银行

日本金融战役史上的三个央行

（1）日本第一央行·第一银行（1873）

成立者是"官业私营"的"大藏省"；主导者是"国际债权人"；出面的是"三井·小野两替屋"，也称"三井·小野兑换所"。名义所有人是三井家族出面组成的董事会股东，具体资本构成不详，是否为日本企业也无法确定。"业务"是"发行日元"、"打理"日本财政，也是根据"大藏省"《日本国有银行条例》成立的第一家日本银行。

（2）日本第二央行·日本银行（1882）

成立者是"官业私营"的"大藏省"；主导者是"国际债权人"；来源是日本第一央行·第一银行；所有人是世袭央行股东，具体股东名单不详。"业务"是"发行日元"、"打理"日本财政。

（3）日本第三央行·日本银行（1942）；

成立者是"国际债权人"为首的世袭股东建立的"日本第二央行"和"官业私营"的"大藏省"联手建立的"日本"财阀集团和日本央行集团主导的日本内阁；主导者是"国际债权人"；来源是日本第二央行·日本银行；所有人是世袭央行股东。

开始为"国有控股 55%"，把日本主权欺骗性地宣传成"一个营利性企业"，然后搞了一个"国有金融股上市金融战骗局"，拥有日元发行权的"国际债权人"仅写下 0.55 亿日元账面信用，日本的主权就成了"国际债

权人集团"和"世袭股东"的私产,具体股东名单不详。"业务"是"发行日元"、"打理"日本财政。

3. 日本第一央行·第一银行＝所谓的"日本三井财阀"

所谓的"日本财阀",不过是国际债权人集团那只"看不见的手"中的魔杖"点化"出的提线木偶。"三井兑换屋"是江户幕府的"御用钱庄",实际上是腐败的官僚体系中的"润滑剂"。高利贷者替幕府搜刮,干一些"官府不好出面干的事",高利贷资本有3个必然的伴生物:吃人的黑社会、黑暗的司法体系、肮脏的金融骗局。江户幕府逐渐趋于崩溃,"三井兑换屋"也就日趋没落了。他们不可能有伦敦金融城那样足够的金银资本左右日本的货币发行;也没有国际银行家集团那样充沛的人脉资源,在倒幕势力内部延续"一个幕府爪牙的利益",幕府灭亡之时,就是"三井兑换屋"破产之日。

萨摩金融集团之所以要找"三井兑换屋"发行账面日元数字,原因不是萨摩金融集团中的一些人"不会写字",而是"国际债权人"需要一个缺乏倒幕势力政治基础的、日本人民比较熟悉的、熟悉金融业务的银行代理人,"三井兑换屋"具备了这一切条件和急切的愿望。一个本来要随着幕府灭亡而行将破产的御用商户,"三井兑换屋"在那个特定的历史阶段,没有任何讨价还价的余地和本钱,更便于控制与"平静过渡",萨摩集团实力强大、有人有枪,如需要在利用后可"消灭"。

第一个发行日元的"日本第一央行·第一银行",除了用一个"三井兑换屋"的名字之外,"三井·小野兑换屋"没有任何主导权和所有权。当时看似荣光无限的"三井·小野兑换屋",由于幕府的垮台和拥有的不过是天文数字的"债务"和作废的债权。这有点像一个负债累累却衣着光鲜的华尔街银行家实际上比一个赤贫的乞丐还要贫穷,很多人不理解金融战役史中的"类似情形"。

1873年7月,日本第一央行·第一银行成立了,到了1882年,日本第二央行·日本银行成立的同时,也建立了一个稳定的三角构架:央行,负责制造债务、发行货币、控制储备;大藏省,负责涂抹"官方色彩"和"央行对日本政体的逆性渗透";三井银团则是替"国际债权人"夺取日本实体经济所有权的高端金融代理人。但是,这三者依然是一回事,如同"美联储系统"、"美国财政部"、"纽约美国联邦储备银行"是一回事一样,这三者就是"日本"央行集团本身。

第七章 财阀头上的"魔杖"、授人以缰的"强国"

三井集团着手建立、兼并了几十家银行，几百家金融机构，上千个企业集团。"明治维新"初期发行日元的"第一银行"；第二次世界大战期间的"日本帝国银行"；美苏"冷战"时期的"第一劝业银行"；2000年以后的"瑞穗集团"，这些拥有着日本所有企业的银团，有不同历史时期的"政治涂粉"，但都是日本一央行·第一银行，即所谓的"三井财阀"的不同名称。所谓的"三井财阀"资本兼并史，也是一部日本民族资本消亡的金融战役史。

第一银行

1873年7月，由出面替萨摩武士集团发行"太政官纸币"**三井两替屋**，用账面信用兼并了负债的小野两替屋而成，是日本第一央行，也是第一个商业银行，这时国际债权人集团在日本的金融战处于布局阶段，还没来得及进行"功能细化"。

帝国银行

1896年成为普通商业银行，即"第一银行股份公司"，该公司不再发行日元，实际为日本第二央行集团的"商业银行分部"，1912年兼并"日本第二十银行"；1913年兼并了"日本北海银团"；1917年兼并"日本古河银团"；1943年3月兼并"日本三开银团"，史称"日本帝国银行"；1944年兼并了"日本第十五银行"，成为日本最大的银团，是日本侵略战争的主要金主，日本战败后的1948年"帝国银行"的招牌被弃用，重新启用第一银行的招牌。

瑞穗集团

第一银行在1971年10月1日兼并了"日本劝业银行"，史称"第一劝业银行"；第一劝业银行在2000年9月29日，兼并了"日本富士银团"、"日本兴业银团"，成立"瑞穗集团"，下辖瑞穗证券，拥有并管理日本高端证券和资本市场；瑞穗投资银行负责日本宏观资本流向和"战略微调"；瑞穗实业银行用于协助"瑞穗投行"控股和管理下辖日本各银行、保险、证券、金融机构，类似于一个日本银行的银行，从高端把持日本金融资本；瑞穗银行用于从微观拥有、主导日本中小企业和新公司的"风险投资"，以此拥有一切日本微观实体资产的所有权。2003年1月8日，成立瑞穗金融集团，用跨国董事会的形式，控制上述一切日本实体经济，从而彻底丧失了日本民族资产的名义特征。

2005年10月，成立了一个用于"控制垄断金融资本在日运营的私人

财阀的魔杖——日本金融战役史

高端跨国管理集团"，史称"瑞穗私人财富管理有限公司"，似乎很不起眼，却拥有着日本的一切，也无所谓日本的公司，直接由"国际控股集团"拥有和管理，这个神秘的机构，主要用于从法理上拥有日本的一切，又不引人察觉。

上面仅仅是"日本第一央行·第一银行"，即所谓的"三井财阀"替日本私有央行集团背后的"国际债权人"在日本"攻城略地"的一些简要过程，实际上直接和间接兼并的日本实体经济无法计算，因为兼并一个银团，实际上就等于兼并了一系列大企业和子公司。截止到2003年，"跨国瑞穗银团"拥有日本金融、证券、工业、农业等一切重要领域的大集团，多达950个，人们熟知的日立、丰田，不过是这些诸多"日本"企业集团中的一个。一句话：**从来就没有什么"三井财阀"，只有"国际债权人集团"在日本建立的"日本第一央行·第一银行"和日本央行集团。**

(二) 三菱财阀、住友财阀、安田财阀、涩泽财阀

1.国际债权人如何通过央行体制实施对日本政体的全面主导与萨摩央行集团主导的"明治维新"时期的"官业民营"与日本财阀体制的形成

明治初年的"大藏省"性质类似于2007年次贷危机以后的"美国联邦储备委员会"，明治维新早期的"大藏省"就是一个发行货币的，从一开始就是一个"官业私营"机构，当时的"央行"介乎于合法和违法之间，如果算作大藏省的下属货币发行机构则合法，如果考虑其私有性质，则属违法。

可问题是，大藏省本身就是"官业私营"，却履行着日本政府的职能，这就是央行体制对国家最高权力的秘密攫取。日本古代的监察体制，在战国时期一直由"天皇"直辖，情报部门由将军府直辖。"大藏省"本来是一个普通的财务部门。有趣的是，明治维新时代的大藏省的负责人，却不能直接管理日本财政——要主动交权！因为，"大藏省"有权，大藏省的公务员就无法把日元发行的"利润"世袭把持，必须交由一个民营银行，才名正言顺。

虽然"国际债权人"是受益主体，他们仅仅是一个零头，但对于他们的家族则"足够"了，也就形成了一个出卖民族利益和国家主权的动力，而不需要"国际债权人"给一分钱。这就是为什么世界金融战役史中，全面的金融战役总是从成立"央行"开始，独立央行之祸，亡国灭种，决非儿戏。"大藏省"先后搞了"日本的三个央行"。

第七章 财阀头上的"魔杖"、授人以缰的"强国"

与此同时，1869年5月"明治政府"设立了作为政府财政监察机构的监督司，实际上是延续了日本古代的监察体制，保留了对大藏省的监察，这无疑违法了"央行独立性原则"，违反了"政府不得干预经济事务的国际惯例"，故此"大藏省"推动了日本官吏体制改革，废除了"太政官体制"，大藏省下属的负责监察大藏省的"会计官"也就消失了——这个监督本来就够软弱的了，属于下级监督直属上级。

1869年7月，监察机构由大藏省领导，1871年干脆就悄悄地撤销了这个已经软弱到极点的监察机构。但是，央行集团是个"小圈子"，日本官僚体系则是个"大圈子"。伊藤博文在日本"天皇"的支持下，开始激烈反对！"当时任租税头兼造币头的伊藤博文针锋相对地列举了监察机构的种种必要性，对于撤销监察机构提出了强烈的反对意见。不久，被撤销的监察机构不仅得到了恢复，1880年3月，财政监察机构从财政部门中分立出来，扩建为直属太政官（相当于今天的内阁总理）的会计检察院"。（参考文献：张舒英.日本的财政监察.北京：日本问题资料.1989，8）。

这个"矛盾的实质"在于日本谁来监督那只"写下数字就是钱的神秘之手"，利之大、斗之急、恨之切，伊藤博文1909年10月26日遇刺，明治"天皇"惊郁而终。

伊藤博文实际上是由于日本"天皇"和一批被排斥在央行小集团外的门阀的反对，才让"大藏省"开始转变策略，暗中取消了监察机构，从宣扬央行的独立性，延伸到"监察独立性"，以金融战役中惯用的"独立骗局"，分化和架空了日本主权，制造了政权"不能触及的盲区"。

大藏卿大隈重信，也是央行的始作俑者之一，着手建立了一个"独立的监察机构"——检察院（1880）。从此，日本一切金融货币事务都由央行集团把持，任何人都不能触及监察领域，而这把"独立央行"主导下的"监察之剑"却可逆向指向任何人，反对者则成了"反对监察的独立性"，这与"央行独立性"有异曲同工之妙。这个"独立监察机构"在高度独立的私有央行集团的主导下，由"国际债权人"在日本实施着对"央行"的拥有、运营和监察，并实实在在地监察着、运行着日本政府的一切。

2．三菱财阀

1880年11月5日，"明治政府"颁布《工厂处理概则》，这个所谓的法案始作俑者还是神秘的"大藏省"。这个法案极为重要，明确规定："**数人合资或一个能出必要资金者，均可得到一项或几项处理的官办企业。**"

财阀的魔杖——日本金融战役史

　　这对于拥有货币发行权，又脱离了监管的世袭央行股东们，尤其是"国际债权人"则可"合法的"用账面游戏，凭空攫取日本举国之力建立的国有企业，更为可怕的是：日本的上层建筑与生活资料全部"外资化"了。这个所有权的转移，是主权和社会成员生存资料公共所有权的全面"转移"、全面的私有化和"外资化"。

　　在《工厂处理概则》的规范下，日本制定了一个神秘莫测的"官业民营、殖产兴业"的国策，动用国家资金，建立了一系列军火、造船、抽丝、运输、矿山、钢铁、电报企业。由于日本是岛国，又走上了"脱亚"乃至"与邻为壑"的道路，最为主要的产业是军火、造船和运输。这个过程是一个江户时代中央和地方的国有企业私有化、央行化、外资化的过程。

　　比如，大藏省在1879年挂牌成立的"东京兵工厂"，名义归日本陆军部，实际为原幕府的"关口制造所"；大藏省挂牌成立的大阪炮兵工厂，原为1871年大藏省"接受"的原江户政权的"长崎制铁所"。大藏省"接管"了"石川岛造船所"，原水户藩地方级海军设备制造企业，由"萨摩藩鹿儿岛造船"这样一个纯粹的外资企业"接手"，成立了"日本海军兵工厂"，名义由日本海军部统辖。

　　不仅如此，在民用领域，1870年日本铁路公司由伦敦金融城的银行家认购"大藏省"国债0.01亿英镑信用，实际什么也没有借入，没法核查，因为这些所谓的"金币"是账面数字，然后构成债务抵押，最后由私有银行开出日元数字。这笔莫名其妙的债务货币理论制造的"跨国债权"，通过"日本第一央行·第一银行"的前身"三井·小野兑换所"和大藏省，实实在在地记在了日本政府的头上。日本的工业化实际上是依靠对日本人民的税收完成的产业投资，却把几十年辛辛苦苦建设的国有企业所有权，凭空给了"国际债权人"。

　　大藏省用这笔债权缔造的债务货币，建立的"日本铁路体系"；1871年"日本航运公司"；1871年"日本邮政轮船公司"；1877年日本电话电报系统的运营……所有这一切日本的重工业，都是原来江户政权中央和地方的国有企业。尤其是日本国有军工集团，通过"大藏省"几乎是无偿划拨给了个人，依据就是《工厂处理概则》，无法核查，也没有这样一个有权限核查央行账目的核查机构。这些投资的日元，如果没有日本政府，也就是日本人民劳动创造的实体财富为镜像，则无人会接受，与国际债权人没有一点关系。

124　　　　　金融刺客——金融战役史系列丛书

第七章 财阀头上的"魔杖"、授人以缰的"强国"

央行·财阀集团的账目,开始归大藏省"自检",后来大藏省出面建立了一个"独立监察机构",大藏省的这些账目,永远也没有人查了,通过对自己国家资产的掠夺,央行集团成为日本新生代的代理人资本,代价就是日本民族丧失了全部的实体经济所有权和辛辛苦苦建设的工业基础,换来了一个不属于自己民族的"现代工业",日本也就"迅速地腾飞了"。

图片说明:岩崎弥太郎(1834~1885),"倒幕四雄藩"的"土佐藩"在大阪地区一个接待"土佐藩"商人会馆的负责人("土佐藩藏屋敷"),这一个日本地方政府类似于"驻京商业办事处"的接待官吏,实际上是侍候"土佐藩"高级武士和大商人的职务,并不涉及商业和运输,但有机会与达官显贵结交,按照当时规定属于下等武士,按照今天的分类属于基层公务员。

日本央行集团需要一个服从于"国际债权人",主要是伦敦债权人集团。这时,伦敦金融城已经是罗思柴尔德家族在主导,不再是18世纪的苏格兰银团唱主角了。跨国金融资本需要"可靠"的代理人主导日本的国防系统,这样就扶植了一个很不起眼的小公务员,类似于"驻京办的小秘书"——岩崎弥太郎。

这个商业办事处的小职员,聪明伶俐,又识字,当时下等武士的子女识字率很低,这说明岩崎弥太郎自学很刻苦。他没有任何资本,虽也搞一些小买卖,但规模不大,主要靠工资为生。1871年7月,"明治维新"实施"废藩置县",就出现了一股瓜分地方(藩)国有资产的浪潮。土佐藩变成高知县;覆巢之下,焉有完卵,"高知县"的"有能力弄来资金的人"就找到这个特别乖巧的岩崎弥太郎,让他出面,把这个"土佐藩驻大阪商务

财阀的魔杖——日本金融战役史

办事处"的房子"买"下来，划拨给了他，然后注册一家公司——这个公司的初始资产全部是国有资产，又有了一个董事会——这就是日本"官办民营"是大肆贪污国有资产的特有手段——国有企业股份化。

这样，一个"驻大阪办事处（土佐藩藏屋敷）"就成了"九十九商社"，也称"九十九人商会"，暗示有主要股东99人，所以这个企业，根本就不属于岩崎弥太郎，他最多是个总经理。

1872年1月，有一个神秘的投资者，给岩崎弥太郎4万银元的账面信用，要求其正式更名为"三川商社"，这个"佚名者"则是"三川商社"的原始大股东——请注意，这时这个股份化的国有企业，偷偷地归了董事会成员个人所有。这个注资人，很可能就是1873年日本第一央行·第一银行前身"三井两替屋"，这种猜测可能并非空穴来风。

"三"为三井；"川"即"岩崎"，不论是否如此，这是一个"国际债权人"通过央行集团，就是那时的"大藏省"搞的把戏，岩崎弥太郎的父亲是个贫寒的下等武士，而且酗酒，他本人虽乖巧能干，经营也有起色，但只是一个"小吏"，连官都算不上，虽然摆脱了贫寒，但算不上大资本，甚至在"九十九人商会"中，他可能都算不上核心股东。这个"三川商社"在1873年3月又更名为"三菱商会"，"三"为"三井"，"菱"是一个中国字，为漂浮于水上的一种植物，产自欧洲，后被引入中国，那时日本是否有"菱"，不得而知，此处暗喻军舰、海运。

央行集团的核心之一，"大藏卿"大隈重信与这个不知名的小公司联手，几年的时光，不断把日本国有企业的造船、冶金、兵工、运输企业的所有权，大量"划归"岩崎弥太郎名下。1879年，也就是日本第二央行·日本银行（1882）成立前夕，"三井"的八郎兵卫高利，又称"八郎右卫门"或"八兵卫高利"，是"日本第一富人"，岩崎弥太郎是"日本第二富人"，实际上都是日本独立央行的"控股集团"，而日本所谓的"独立央行"，则是一个"国际债权人"拥有的外资控股的营利金融企业。

"日本邮船会社，1884年所有权秘密转移"；"长崎造船所，1885年所有权转移"——这就是上面说的整合了日本全国的国有军工联合体，不是一个"所"或"厂"，而是把日本国有军工体系的一切财富，凭空攫取到个人手中。在大隈重信等央行集团的斡旋下，神秘地"租借"给了岩崎弥太郎，然后就更加神秘地成了"私人财产"，然后就成了"国际债权人"，主要是罗思柴尔德家族在日的控股企业，也就是后来的"三菱重工"，日本早

期国有军工企业的"化身"和全部。1885年，岩崎弥太郎神秘地成了"日本国立第一百一十九国立银行"的拥有者，可谓"点石成金"，无本扩张。

岩崎弥太郎很得意，开始有点尾大不掉，1885年2月，岩崎弥太郎突然吐血暴毙，英年早逝，年仅52岁，有传说是罹患胃癌去世，具体不详。这个由伦敦金融城或华尔街在一个国家内部扶植的一个原本并不涉及军工的所谓的"重工集团"，利用央行人脉，透支扶植，再把该国军工所有权秘密转移到这个代理人名头上，然后秘密控制，形成逆向渗透的一个军事机器。

与此同时，"独立央行"打着改革日本机构改革的旗号，秘密取消日本警察机构对于假币案调查侦办权，以此建立央行下辖的情报机构和秘密武装机构，并打着"货币事务独立的旗号"使这支"反假币"武装和情报机构独立于国家政权和监管之外，听命于独立央行行长个人的命令，凌驾于一切社会阶层之上，直接服务于"国际债权人"，这两手用于秘密颠覆一个国家的政权机器的金融战策略，称作"重工策略"，或"三菱战术"。

3. 住友财阀

图片说明：广濑宰平（広瀬宰平，1828.6.16～1914.1.31），1877年任"住友财阀"，1894年退休。他是所谓的"住友财阀"的真正开创者，住友家族仅仅提供了一个"品牌"。

有关日本有几个财阀的说法，在日本有"三财阀"之说，就是三井、三菱、住友，在中国有"四财阀"之说，多了一个安田。日本金融战役史中为"五财阀"，多了一个涩泽财阀，还有一种"六财阀"之说，多了一个三和财阀，但实际就是三井财阀在其幕后，笔者认为日本实际为"五财阀"

统一在三井旗下，也就是日本央行集团之下，不能看成是5个家族的企业，甚至都不是日本的企业，住友财阀非常典型。

住友家，也是江户幕府时代的高利贷者，史称"泉屋"，也就是当地的"白水会"，实际生活在社会最底层，依靠上结官府，下拥黑帮，用高利贷盘剥牟利。有一种说法，住友家始祖是住友忠重，据传和"桓武天皇"（约781~806）有"某些关联"，但无法考证。

京都地区的药材商住友政友（1585~1652），才是住友家族资本的初期积累者，后日本封建社会逐渐没落，药材商就走上了放高利贷的畸形发展之路，这不是偶然的现象，是历史合力的结果。江户王朝末年，外国金融资本依托萨摩藩、土佐藩，控制了日本的银币流通、套购黄金、关闭铜矿，制造硬币流动性短缺。实际上，住友泉屋在这个时候，拥有的不是巨大的家族财富，而是一笔永远也无法从武士氏族家族收回的债权，尤其在倒幕战争和"武士氏族叛乱"全面爆发后，实际破产了。

1877年，广濑宰平这个英国伦敦城在萨摩藩的小金融代理人，就找到了住友家，全盘接手了产业，但依然使用住友的名义，这有利于"国际债权人集团"对日本实体经济秘密控制初期的"平稳过渡"。不仅如此，第二次世界大战以后，崛田壮三不仅是"住友财阀"的总经理，而且是董事长（1972），历任21年之久，逐渐把住友家族的成员排除出了管理层，包括NEC等名义上都是"住友"财阀的财产。

2001年，成立于1895年也就是住友财阀初期的核心"住友银行"被三井集团兼并，成立了"日本三井住友银行"，住友财阀就彻底退出了历史舞台。这就是代理人家族的宿命，也是日本民族资本的挽歌。短期看，也许是住友家族一门之幸，但从历史的角度来看，不论是三井、住友、三菱，都必将彻底泡沫化，这种泡沫化的趋势，被华尔街媒体解释为"日本企业有意识的淡化日本企业特征，是全球化战略眼光的胜利"，这种学术观点脱离历史事实、背离私有制与市场经济的基本原则，是植根于金融战臆想的艺术产物。

4. 安田财阀

安田资本属于三井资本，所以日本一般说"三大财阀"，没有安田。安田财阀对于"国际债权人"主导日本央行资本体系，有着不可替代的作用，实际比住友家族更加具有独立性，但"贵不在资本，而在人脉"。所谓的"安田财阀"，更能说明"日本财阀"实际上不过是"国际债权人"主导日本的

第七章 财阀头上的"魔杖"、授人以缰的"强国"

金融战控制策略。

安田财阀的创始人安田善次郎,出生于战国时代富士藩的一个底层藩士人家,家里不种地,属于最底层武士仆人,吃饭都嫌人口多。他17岁(约1855年前后)就独自跑到江户,拿着家里给了25块富士藩"藩札",在日本桥交换商店,开始了一个"安田屋"。

这类似于1949年以前北京天桥一带的无业人员的行当,当时一些人在天桥随身携带着纸币和银元,在街上嘴里叨咕着"买一个,卖一个",介乎于诈骗和兑换之间,主要利用各种假银元骗人,有时也吃银元和纸币的差价。纸币贬值,如果要兑换者付出更多的纸币,则迅速兑换成银元,这样做会有一个时间差价。

图片说明:安田善次郎(1838~1921),安田财阀的创始人。

日本战国末期,幕府和藩国体制都逐渐瓦解,"藩札"贬值,币制混乱不堪,人们倾向于兑换一些硬币,但日本硬币币制比"藩札"还乱,这种乱,也就有了"乱中取利"的可能,安田善次郎就是干这个的,不能简单地把这种做法归入银行业务,甚至不属于正经的金融活动。

安田善次郎很乖巧,得到了一些萨摩金融代理人的关注,就找到这个年轻人,让他出面做了一个金融代理人。原因不是他有背景,而是他没背景,这样才可以放心地把日本国有第三国民银行凭空地划给他。因为这是公开侵占国有资产,属于大规模贪污,央行集团不好自己出面,就有了这样一些"幸运儿",安田善次郎就是其中之一。

日本国有第三国民银行到了安田善次郎名下之后,就变成了"安田银

财阀的魔杖——日本金融战役史

行"（1880），也就是现在的"安田富市银团"，有时也称"富士财团"或称"芙蓉财团"，有文献把这两个名称分开说，这是一种误解。"富士"、"日立"、"日产"这些企业集团都是安田财团拥有。这个过程很典型，深刻地反映了所谓的"官业民营"，实际上就是央行集团大规模的贪污和对外输出国家利益。这样一个年轻人，陡然而"富"，成了日本"安田财阀"的创始人。

安田善次郎，一个贫穷的仆人家庭的孩子，很小就侍候人，没钱的时候很乖巧，有了钱权，长期被压抑的权力欲、表现欲、物质欲，会十倍、百倍地释放出来，这就是中国古训："**大简之后，必有大奢**"。他很快就开始膨胀，给东京大学出钱，建立"安田讲堂"、"日比谷公堂"，表面是给"国际债权人集团"培养在日的代理人，实际也有给自己树碑立传的意思。一个银行代理人，不宜如此，这给他打上了悲剧的符号——1921年，他被朝日平吾暗杀。

他的死，却导致所谓的"安田集团"更加受到重视，也就是"国际债权人"集团以一个基础薄弱的代理人集团来制约央行代理人资本集团，所以日本第三央行·日本银行（1942）是由央行行长，也就是安田财阀的结城丰太郎"一手操持"，从法理上来说，这是日本第一个央行，因为以前的两个央行，实际是大藏省成立的一个外资股份制金融公司。

不仅如此，这个实际由"国际债权人集团"直接管理的新央行集团核心，在第二次世界大战前后是日本军工体系的核心，涵盖了日本的粮食、饮水、电力、汽车、半导体、家电、金融……在20世纪的50～60年代，富士银行的存款余额日本第一。这样一个央行集团，巨型"**资本集团**"，根本就不是日本的企业，日本军国主义的侵略战争不仅狂妄，而且可悲，但也留下了宝贵的历史经验，前事不忘，后事之师。

2002年，安田财团，也称"富士银团"、"芙蓉银团"，核心就是"富士银行"，被日本第一央行·第一银行的"三井集团"兼并，融入"瑞穗集团"，故此泡沫化了。

5. 涩泽财阀

涩泽财阀非常特殊，是一个游离于日本四大财阀体系之外的一个特殊财阀，日本金融战役史中，称之为"日本五大财阀"之一。

前面提到过"**岩仓使节团**"，1871年12月23日出发，周游欧美12国，约耗时1年零10个月，靡费甚巨，这笔钱最后实际由大藏省报销，竟然占到了1872年日本财政的2%。（参考文献：杨栋梁著.日本后发型资本主义

第七章 财阀头上的"魔杖"、授人以缰的"强国"

经济政策研究·南开史学家论丛，第2章.中国北京： 中华书局．2007）．
这个"使节团"公费旅游，名义是英国伦敦金融城的"国际债权人集团"出钱邀请，银行家挑选了一些"日本公务员"到欧洲旅游、吃喝、"学习"、交友，这批人就形成的央行集团，把日本货币发行权，广义实体经济所有权，甚至狭义实体经济所有权，通过央行财阀体制，用"官业民营"的金融战骗局，全部输送给了跨国金融僭主家族。

图片说明：涩泽荣一（1840.3.16～1931.11.11），涩泽财阀的创立者。

涩泽荣一是明治维新时期"大藏省"的一个日本金融公务员，也参加过类似的"推动了日本历史的出国参观访问团"，游历欧洲，连吃带玩将近两年，与欧洲各大央行，也就是罗思柴尔德家族的雇员打得火热，建立了深厚的私人友谊。这不是他个人的秘密，那个历史时期日本使节团的特征也不是秘密，比如"岩仓使节团"就是"明标史册的历史事件"。

在这次著名的"参观访问团"之前，罗思柴尔德家族通过其所拥有的法兰西银行，邀请日本大藏省的一些公务员，尤其是金融领域的公务员或有公务员潜力的年轻学子，比如，涩泽荣一。罗氏出钱让他们到欧洲"参观"，这时还不像"岩仓使节团"那样完全无所顾忌，这批人行踪都很神秘。大约在1867年1月至1868年11月之间，涩泽荣一与银行家结成了深厚的友谊，他和银行家弗罗里赫拉尔特关系密切，比利时国王都和他"会谈"，实际上他先后"出访"过很多次，就不一一列举了。

涩泽荣一与法国央行官员建立了深厚的友谊，为了培养涩泽荣一，法国央行的拥有者罗氏雇佣法国老师给他上法语课，照顾生活，无微不至，这个矮个子的20来岁的日本年轻公务员，成了法兰西银行的神秘贵宾。天

财阀的魔杖——日本金融战役史

生聪明且通达人情的涩泽荣一,不负众望,很快就学会了法语,他回国之后,不仅立刻被招入大藏省,且官运亨通,未几,官至"**大藏省少卿**"。实际官职还不仅如此,当时日本政府任命他为**大藏省租税官**,兼任**制度改革小组主任**,参与了新政府的货币制度改革、废藩置县、发行公债、殖产兴业等几乎所有重大政策的酝酿和制定"。(参考文献:白益民,袁璐. 日本尽是"爱国贼".白益民博客刊载: http://www.caogen.com/blog/Infor- detail.aspx?id=139&articleId=15056&page=3)。

涩泽荣一回国不久,就和福地源一郎就抛出了《立会略则》,由"大藏省"在日本全国发行,形成了一个日本国策性质的"官方态度",里面有这样一句话:"**财产所有权归个人所有,乃是天下通行的公理,他人(实指日本政府)不得侵犯**",这种政府与企业分开的说法,等于剥夺了上层建筑与生产关系本身的物理联系,不仅荒谬而且别有用心。

(1) 一个公民的私有财产归自己,可以,国家有管理权、征用权、利润分配权,这包括税收制定和劳动者福利法令等。国家还拥有对经济生活的监察权,不可能"不侵犯个人利益",因为即便是个人的财产也是来自全体劳动者的剩余价值,你可以多劳多得,但不能凌驾于社会契约、民族利益和法律法规之上。

(2) 涩泽荣一所说的"财产"是日本国家,全体人民的财产,是日本民族的国有工业体系,凭什么要归"个人私有"?这种理论的结果,就是第一阶段,大藏省·央行公务员建立的央行·财阀,大规模贪污,或明或暗侵占私分日本国有资产,甚至日本人民的生活资料,进而把持了上层建筑。第二阶段,形成一个"国际债权人"为首的跨国垄断金融僭主在日本的垄断金融资本控股集团,让日本民族从狭义上丧失一切实体经济的所有权,通过改变生产力的基础,改变生产关系的基石,成功地主导了日本的上层建筑,也就让日本逐渐走上了半封建、半殖民化的道路。

(3) 涩泽荣一如果仅指一个小商人管理和拥有把自己创造或继承的财产,自主经营,还算说得过去,但涩泽荣一是指把日本全体人民的国有资产"划归"个人,则是公开的抢劫、贪污,而国有资产"划归"国际债权人集团,则是公开的卖国、叛国。

1873年,年仅33岁的涩泽荣一官至"少卿"。他这个"大藏省少卿"权限极大,可能类似于我国目前几十个部委的综合权力,不能说是"财政部副部长",因为"大藏省"不仅负责财政货币,实际已经插手了日本军事、

第七章 财阀头上的"魔杖"、授人以缰的"强国"

情报体系,是一个"巨无霸",找不到一个对应的职务,类似美国"副总统"兼任"纽约美联储副主席"。"大藏省"实权比日本内阁大得多,这就是独立央行骗局导致的"天有二日,国有二君,两套班子,名义下属,自我"监督","金融"独立,央行实权"的金融战篡权把戏。

涩泽荣一还不满意,干脆辞职"下海"。他利用前大藏省少卿的身份和"官业民营"的高深理论,建立了一个"日本国有股份制金融公司",这就是后来"涩泽银团"的来源。他利用自己是日本制度改革小组主任的身份,在"下海"时,把这个日本国有金融公司,划归自己名下。

然后,通过关系不断地把许多国有企业归入这个"国有公司"的名下,当然此时已经不是国有公司了。就这样,一个商人家庭的子弟,被欧美银行家集团看中,精心培养为在日金融代理人,然后利用人脉安插到日本金融管理层,成为一名日本金融公务员,最后他通过"官业私营"的舶来理论,把日本国有金融资产和日本国有军工联合体"划归"自己名下,成了一代"日本"财阀的创始人,家族富可敌国。

不过,虽然"涩泽财阀"拥有着日本银行、保险、军事、矿山、铁路、机械、印刷、纺织、酿酒、化工、船运、电信等领域的500多个产业集团,被称为"日本实业之父"。国际债权人集团缔造"涩泽财阀"的重点,依然不在于狭义控制日本实体经济,而在于广义金融僭主体制的稳定与系统"鲁棒性","涩泽财阀"也就具有一些"特殊的地方":

"**鲁棒性**"原指系统在各种条件下的稳定性和功能表现,是系统强健水平的一个指标,平时看不出来,所处条件发生变化后,一些缺陷和不适应性就会暴露出来。这里是指银行代理人作为不同的独立因素,有一定发展的自由度,这些因素在一定条件下,会危及"国际债权人"对央行资本集团的稳定控制,需要预设一个机制来"平衡"这些银行代理人因素,使之"任意发展于欧美金融僭主在日体制之内"。

(1)"侍(侍武、士儒)魂企业文化(侍魂商才)"与"商业战争论"

涩泽荣一等人把日本人民的实体经济和一切财富都交给了"国际债权人"(后果严重,后面要专门谈日本财政在债务的重压下,趋于破产危机与所谓历次"向日本学习思潮"的金融战实质和日本人民经历的苦难和茫然),日本国内农民、武士、手工业者全面破产,繁荣的是跨国资本拥有的"在日实体企业",消亡的是日本的民族经济与国家主权,这些财富归根结底,还是来自这些日本各阶层,虽然他们不了解这些金融战的"内容",也看不

财阀的魔杖——日本金融战役史

懂那些本来就是故意让人看不懂的统计表格，却真实地承受着日本民族实体经济所有权秘密转移带来的社会灾难，为了"积极"引导这股思潮，不成为反思和冲击日本央行财阀代理人体制的社会运动，涩泽荣一开始给这些外国企业"涂上爱国的颜色"，把"为日本献身"的"盲从武士道"引进到"财阀企业文化"中，并煽动军国主义思潮，最终把日本引向了灾难。

按照涩泽荣一的观点，国民"富"而后国家能"富"，国家"富"而后能"强"，国家能"强"而后能"独立"和有"尊严"。因此，**商场**即**战场**，"**企业家**"即"**将领**"，"**工人**"即"**士兵**"，"**经济战争**"是全体国民的"**对外战争**"，要"**内和而外战**"，竞争与合作一直是日本财团企业之间的主旋律。跟涩泽荣一同时代的日本最著名的思想家及教育家庆应义塾大学的创立者福泽谕吉，关于"商业是战争的最佳代替物"的观点被当时实业界称为"这个时代最响亮的声音"。1880年第一期《东海新经济评论》的社论就代表了日本人对"经济战争"的看法，也是对福泽谕吉"经济战争"理论的最好注脚。社论认为："我们当今把外国人基本上看做是平等的**人类，我们试图用经济与他们战斗——战争的手段是贸易。**"（参考文献：白益民，袁璐．日本尽是"爱国贼"．白益民博客刊载：http://www.caogen.com/blog/Infor-detail.aspx?id=139&articleId=15056&page=3）

（2）神秘的"涩泽财阀"

日本第三央行·日本银行（1942），不仅正式以日本银行法的国家法律的形式替代了"大藏省条例"，使"国际债权人"从灰色的阴影中走了出来，合法拥有了日本的央行和货币发行权，从广义拥有了日本的一切，而且这在日本央行集团内部，也是一次微妙的调整。

日本第三央行·日本银行（1942）的直接执行人，是安田财阀的结城丰太郎和"涩泽财阀"的涩泽敬三，此二人是第二次世界大战日本偷袭珍珠港导致太平洋战争全面爆发后，"国际债权人"趁机在日本正式建立"外资控股的股份制央行"的核心人物，开始日本政府还控股55%，国有股上市后，日元就"奇迹般地"成了欧美金融僭主家族在日的私产和"盈利业务"。安田财阀的结城丰太郎是日本第三央行·日本银行（1942）的行长（1937.7.27～1944.3.18）；"涩泽财阀"的涩泽敬三则是央行行长（1944.3.18～1945.10.9），由于"涩泽财阀"是江户商人世家，故此"鹿儿岛系"的银行代理人集团被进一步边缘化了。"涩泽财阀"对日本实体经济和"对外事务"的"介入方式"，也出现了微妙的转变：

第七章 财阀头上的"魔杖"、授人以缰的"强国"

为了逃避北京市人民公安机关的视线，山口隆一与日本东京日洲产业株式会社取得联系，以其驻北京代理人的身份进行活动。这个会社的财阀是涩泽敬三，涩泽敬三是日本当时四大财阀之一，涩泽本人曾任日本投降前最后一任日本财相，可见涩泽敬三无论是在政治上还是在财力上都具有强大的优势，山口隆一与这个株式会社取得联系后向该社提供了大量的情报。经包瑞德协商与操作这些情报又飞到美国驻日本的美军总部去了。包瑞德对此非常满意，有一次见到山口隆一，拍着他的肩头微笑着说："东京方面一切都没有问题，任何寄到日洲产业株式会社的情报，盟军均可获悉。"（参考文献：朱振才著.建国初期北京反间谍大案纪实.北京：中国社会科学出版社.2006）。

涩泽财阀等央行集团主导着日本的货币、财税、预算、储备、军工、民生体系，却有着如此神奇的"美国关系"，而且是英美金融僭主的在日私产，对于在前线与美军作战的日本官兵和太平洋战争的过程来说，这具有特殊的喜剧含义和金融战役史的研究价值。新中国建立初期，敌对势力妄图"炮打天安门案件"的两个主犯，一个叫李安东，一个叫刘逸，这个所谓的"刘逸"是化名，他就是上面这个涩泽财阀的山口隆一（有关背景材料，请参看拙文《司徒雷登与李安东》.乌有之乡刊载：http://www.wyzxsx.com/Article/Class14/200812/61149.html）。

二、日本央行财阀体制的金融战实质与战役特征简述

为什么说，没有日本财阀，只有日本央行？为什么说，没有日本财阀，只有"在日本的财阀"？

（一）央行财阀体系

有关日本央行的"股份化"、日元的"债务化"的来历、性质和意义以及所有权，这里不重复，而是要简要列出一个央行集团的垄断金融资本控股集团的金融战主线。所谓的"日本财阀"依靠一些银行控股，比如"第一银行"（三井）、"三菱银行"（三菱）、"三和银行"（三和）、"富士银行"（安田）、"涩泽银行"（涩泽）等，这些银行就是金融财阀的全部，它们通过资金杠杆和浮动控股，拥有着日本全部的实体经济。谁拥有这些所谓的"日本银行"，谁就是日本实体经济的世袭拥有者——日本央行集团，拥有这一切，而"国际债权人"拥有日本央行。

财阀的魔杖——日本金融战役史

（二）背景一：日本国内只说"三大财团"的原因

日本的一切实体经济和银行，都通过看似复杂，实际却是简单的金字塔式的控股模式，由三个银行拥有，此处可以叫"银团"，但为了便于理解，不产生错觉，故此采用"银行"的说法：瑞穗银行、三井住友银行、东京三菱UFJ银行，故日本国内一般认为日本有"三大财团"，即"三井"、"三菱"、"住友"。

（三）背景二：日本第一央行"前期"的分部

"明治维新"后，日本央行先后建立了7个分部，这个"分部"不是地区办事处，类似于相对独立的"子公司"，都与日本央行一样，被"认为"是日本的"国家机构"，也理所当然地被认为是"国有银行"。

1个总部，即日本第一央行·第一银行，"三井·小野两替屋"1882年更名为"日本银行"，也就是日本第二央行。7个分部，即"横滨正金银行"、"日本劝业银行"、"日本兴业银行"、"北海道拓殖银行"、"台湾银行"、"朝鲜银行"、"朝鲜殖产银行"。

这些都具有货币发行权，由"日本银行"的所有者"国际债权人"和后来的世袭股东们拥有和主导。从法理来说，应该是1942年"日本银行旧法"通过以后才出现的，实际上在"日本第一央行·第一银行"时期就存在了。

（四）瑞穗银行，也就是目前所谓的"三井财阀"的银行演变主线

"日本兴业银行（1902）"、"日本富士银行[1923年出现，就是明治维新时期的"安田银行"（1880）"、"日本第一央行·第一银行"，即三井·小野两替屋"构成。有关"第一劝业银行"形成过程中，第一银行与劝业银行的合并，请参看上面的有关内容。

（五）三井住友银行，也就是目前所谓的"住友财阀"的银行演变主线

"日本太阳银行（1968）"和"日本神户银行（1936）"合并成了一个大银团"日本太阳神户银行（1973）"，1990年，被三井银行兼并，称为"太

阳神户三井银行",2001年,合并住友银行,史称"三井住友银行"。

(六)东京三菱UFJ银行,也就是目前所谓的"三菱财阀"的银行演变主线

三和银行,即所谓的"三和财阀"和东海银行,即"东海银团",在2002年合并为"日本UFJ银行"银行;东京银行,这也就是1946的央行分部之一"横滨正金银行",也称"正金银行",第二次世界大战后,因为支持战争被"解散",不过为了掩人耳目,改名为"东京银行"继续存在,目前和三菱银行合并,史称"东京三菱银行(1996)"。

东京三菱银行从2005~2008年介入"UFJ银行",正式形成了"三菱日联金融集团",也就是"东京三菱UFJ银行",有时被译作"MUFJ银行"(银行网站: http://www.bk.mufg.jp/)。截止到2008年与华尔街摩根财团"交叉持股",约占摩根斯坦利(Morgan Stanley)股份的21%,该机构有时被俗称为"大摩",是"摩根大通"集团的投资部门,也称"摩根投行",所以这个"MUFJ银行"实际上是摩根财团下属的一个2级,甚至是3级子公司,归罗思柴尔德家族主导。

美国秘密情报首脑汉密尔顿建立了"华尔街·财政部·央行轴心的金融情报体系",他通过个人拥有的主导机构华尔街曼哈顿公司,操纵这个体系,后被美联储股东洛克菲勒兼并为"纽约大通曼哈顿银行",再合并为"摩根大通"集团,由美联储股东摩根财团,也就是罗思柴尔德家族控制,主要由摩根出面主导这个华尔街金融情报体系。

(七)总结

由此可见,所谓的"三大日本财阀",实际上"四大"、"五大"、"六大"都别无二致,包括所谓的"六大财阀"的演变,最后形成"三大财阀"。这些财阀就是由日本央行和央行分部构成,日本股份制央行资本集团本身相互控股,并没有什么独立一说,甚至这几个所谓的家族,根本就是高级银行经理人,对央行没有主权,从央行和各财阀的创立者和创立过程,可以看出这一点。

美联储也就是罗思柴尔德家族,甚至已经公开出面,通过其缔造和拥有的美国的"摩根财团"直接"交叉控股"所谓的"日本财阀"。有关日本邮政银行的私有化很重要,也很复杂,直接受益者就是华尔街,本书不予

重复，请参看拙作《货币长城》。

　　这样一个金融僭主建立的"日本"央行资本集团，最终由金融僭主公开出面"介入"不过是一个金融战阶段成果的信号，毫无新意。一句话：所谓的"日本财阀体制"不过是罗思柴尔德家族金融战役的"丰碑"，后人的教科书。

第八章

日本金融战役史总结：警讯千年

一、央行财阀资本集团的危害和金融战价值的简述

（一）强国悖论

物质世界中的强大、市场经济中的强大都必须是自身的强大，被消灭和融合的概念，不过是失败、损失、破产的艺术性表述，不存在此类所谓的"强大"。发展经济必须首先拥有实体经济的所有权，不存在把广义和狭义实体经济和社会财富所有权凭空交给金融僭主之后的"民族经济"。在殖民主义时代，一切买办资本缔造的短期繁荣和局部繁荣，都不过是殖民经济沙漠上的幻影。所谓的"繁荣"不过是跨国资本短期注入带来的"兴奋剂效应"和对该民族利益的"消化期"，大约经过100～200年以后，只会留下一个经历过彻底的、民族经济非工业化进程的虚拟经济的荒漠。

截止到2010年，日本政府的负债超过国民生产总值两倍，政府预算有50%以上依靠借入新债，这还不包括旧债的利息。按照古典主义经济学理论，日本目前的国民经济已经开始进入总破产的历史阶段，按照虚拟经济学的理论，日本目前处于一个"临界点"——目前摆脱"利滚利"已经很难了，如负债继续增加，则会不可避免的冲入一条终点是"债务利息压垮政府财政，政府财政和税收必须交由国际债权人全面托管才能勉强维持"的"高速公路"，而日本金融溃败的种子，始于"明治维新"的"官业私营"。

（二）民族契约解体

日本在"明治维新"中，接受了"央行理论"、"债务货币理论"、"赤字国债理论"，从而在广义上丧失了对日本经济的所有权，并且丧失了日本民族利益与日本官僚人事体系的世代契约。

（三）永恒的负担

国际债权人通过日本央行"资本集团化"和"私有股份化"，实现了狭义领域对日本实体经济和虚拟经济的所有权，这种控制给日本各界带来了沉重的、永恒的负担，是一种无处不在的广义财富转移机制，持久地占有着日本人民的劳动成果。

（四）民族主权的流逝

日本央行·财阀体制，实际形成了一个对日本生产力和生产关系的彻底的私有化、外资化。日本的生产力体系牢牢地控制在罗思柴尔德家族为首的"欧美债权人集团"手中，这深刻地改变了日本的上层建筑、文化属性、民族特征，带来了一系列复杂和深刻的负面影响，使之出现了"工具化"的总趋势。

（五）生产关系刚性矛盾的隐性积蓄

日本央行·财阀体制，畸形膨胀，导致了日本境内的生产资料、生活资料、国家机器的全面私有化、外资化，这是一个永远也无法通过政策调整改变的刚性世袭构架，不仅让日本市场经济优胜劣汰的机制成为梦幻，而且社会矛盾和不满，会被轻易地压制，而得不到合理的释放，扭曲的利润固然让央行·财阀集团富可敌国，但被财富转移的日本各阶层，则必须从广义上接受这种财富转移，而没有任何调整的可能性。这将从历史的尺度，积蓄下刚性的社会矛盾，最终达到刚性彻底调整的临界点，不论这个点早来与晚来，都具有战略上的不可避免性，并且与央行·财阀集团的获利曲线趋于一致，不可能有整体的战略改变。

（六）市场经济的公正性被颠覆、私有制所有权基石被粉碎

"明治维新"所谓的"官业民营"，是赤裸裸的侵吞国有资产和对外输出民族利益，这极大地打乱了日本民族自我发展的步伐，摧毁了日本社会的道德基石，建立了一个既成事实的央行·财阀资本体系，服务于拥有日本央行和日元的"国际债权人集团"。

空洞伪善的言辞，无法掩盖明治维新时期"窃国者财阀，窃米者盗贼"的历史事实和"道德与公正的困局"，给日本留下了一道无法解决的难题。

第八章 日本金融战役史总结：警讯千年

油滑的"宽容"和时间的"消磨"，不但无助于解决这个问题，反而会让问题逐渐复杂化，因为任何一个体系都有自我维系和巩固化的内在倾向，否则就不能存在，日本央行·财阀资本集团由"国际债权人"拥有，也具有自我巩固和完善的物理特征，这一切的"自我进化"也就是在巩固和完善对日本人民的"广义和狭义的财富转移机制"，也就增加了解决这道历史谜题的难度。需要说明的是：这种观点并不易被日本学界所接受。

（七）两股社会潜流的形成

"明治维新"建立的日本央行·财阀资本集团，在初期就注定不具有广泛的社会基础：

从日本中下层来看，央行·财阀集团必然是一个仅仅服务于极少数央行集团的"官业民营"体系。所谓的"民"从来就不是日本人民，这私有化和外资化的过程，在19世纪末带来了武士阶层、农民和手工业者的大量破产，主要依靠军队和军工来吸收，后果众所周知。

至今承受日本天文数字国债的主体就是这些人，问题是没有随着"一碗面条卖到几千日元而得到解决"，因为虚拟增长可以用于欺骗，却无异于慢性自杀，问题的核心不在于日本大地上有多少工厂和商品，不在于日本的经济统计数字有多高，而在于这个实体经济体系的所有权和工业财富的最终分配权不在日本人民手上——私有化金融战的尖刀，总是让"民"流血，却总打着"民"的旗号。

从日本上层来看，这个问题更加复杂和尖锐。日本央行集团的"央行股份化"和"官业民营"最大的受益者，不是所有的上层门阀，只是少数央行集团的人员，门阀集团不再是主导日本的最高权威，而仅仅是央行集团的附庸，这是一场深刻的历史变革。

央行·财阀资本日趋凝结，被凝结的武士氏族则转入实际的资本空白，外表光鲜，里面和赤贫乞丐区别不大，依靠"老宅、祖产、余威"苦撑门面，稍有风吹草动，则会迅速沦落。日本武士上层，对金融僭主体制没有认识，盲目地争官，结果落入了讨要工资、备受监督、依靠财阀，也就是落入央行资本集团"自由选举、政治捐款"的体制陷阱，政客门阀对金融资本极度依赖，高端职务还普遍由央行集团出任。

这种现象正是由于"官业私营"煽起了人们内心最自私、最黑暗的欲望，大量上层人士都"分了一杯羹"，而积极参与这个肢解日本民族工业体

财阀的魔杖——日本金融战役史

系和国家主权的金融战役，主动配合外国银行家集团控制日本，但这些家族企业很快就陷入了连续不断的"金融危机"，在央行集团大财阀的竞争下，很快纷纷被兼并，少数人成为代理人，绝大多数的"最初获利者"迅速地走向社会最底层，开始是被迫出让那些不挣钱的企业，然后是卖祖产、珠宝，辞退仆人，最后开始找工作，又不会工作……他们再也没有机会恢复政治和经济地位了，这是历史的惩罚，足为贪婪者、卖国者戒。

但以社会构架来说，这两组矛盾一直是日本社会深层的隐患，与强大的金融资本集团的实力相比，可以忽略不计，可在一定的历史条件下，这种历史矛盾、社会生产力和生产关系不均衡导致的深层次矛盾，会突然爆发出来。一般来说，虽不是主要矛盾，但会导致解决其他社会矛盾的难度大大增加。

（八）债务危机

"明治维新"的强国之策，从构架和内容上，都是建立在央行财阀资本体制之上，本质是依靠"国际债权人"的资本注入。从实质上来看，日本央行体制还是一个服务于欧美金融僭主家族的广义财富转移机制，日本处于战略资本持续输出的状况，而跨国金融资本注入的是"账面数字"。这些分文不值的账面数字，必须依靠日本人民创造实体经济镜像和通货膨胀"补齐差额"，这导致日本实体经济和政府财政长期处于信用匮乏，即通货紧缩而又不断通货膨胀，物价上涨的奇特状态。

由于独立央行骗局和债务货币理论骗局的深刻影响，日本央行不断制造根本就不存在的国债，以此充抵日本实体经济增长所需的虚拟经济货币镜像，债务规模逐渐达到并超过日本国民生产总值。当日本政府狭义负债规模等于日本国民生产总值时，如果借贷年利率大于日本政府国民生产总值年增长率，日本就会进入借贷还息的金融战略死循环。

日本被"独立央行骗局"、"赤字国债骗局"、"债务货币骗局"所制约，不承认"预发行货币余量"的存在，日本信用必须依靠"国债"抵押才能产生，日本政府预算为了来年国民经济增长而必须预发行虚拟信用基数——即来年实体经济增长部分所对应的货币信用量，为此必须预先发行国债，每年为"来年年经济增长"而逐年发行的相应国债累计之和，就等于，并由于利息的存在，会逐渐大于日元货币信用总量，形成一个荒谬的、无限大的趋势。少量应急国债可以通过储蓄释出在国内筹措，等同于日元信用基

数的"债务",但经济增长所需的货币镜像,则必须,且只能由按照虚拟经济学原则由政府有计划无条件发行或按照华尔街的自由主义经济学的理论,由外部债权人认购,一句话:不可能用已有货币创造新的货币——这就造成日本国债必然"海外发行",以此增加日本国内信用符号的总量,形成荒谬的输入数字符号的金融现象。

这一切的"债务",仅仅因为日本无权发行或不能发行信用符号,需从金融僭主家族那里"借来"私有信用符号,这就是独立央行理论的方法论实质和金融战后果。所以,日本的债务,**不是政策调整或经济发展可以解决的**,而是一个金融战骗局的战略后果,**在无法摆脱上述"三大金融战骗局"束缚的前提下,具有不可逆的刚性特征,这会毫无悬念地导致金融战役的一个典型后果:财政债务化**。经济越发展所需的信用符号越多,"头一年"的经济计划中,日本财政必须为来年实体经济发展而对"国际债权人"增加"国债"发行,直至最后因支付利息趋于无穷大,甚至支付利息与日本国民生产总值之比也会趋于无穷大。当然,这需要首先达成日本政府国债超过国民生产总值,2010年已经达到并超过了。然后是日本年支付国债利息**稳定超过年日本国民经济增长绝对数,即连续10年,且超出部分逐年变化趋势为增大**,此时,日本会出现政府信用、政府财政的总破产,预算将开始依赖借入新债——这已经发生了。

二、热闹的时刻,破产的前夕

三菱集团的"九十九人商会",实际上是土佐藩地方政府的一个类似于"驻京办"的机构,大藏省把3艘轮船凭空划给了这个机构,然后整个公司给了岩崎弥太郎,这些国有资产就成了世袭私产。1874年,大藏省又用日本财政买了13艘轮船,秘密地"划拨"给了三菱集团。1875年,大藏省动用日本巨额资金达32亿日元,在当时约折合0.48吨纯金,购买了18艘油轮,又无偿"划拨"给了三菱集团,美其名曰"扶植"民营企业。

日本央行资本集团是外资私有企业,操纵日本财政给央行缔造的财阀大量资金、实物,这不仅荒谬,而且彻底破坏了市场经济的游戏规则,导致日本那些分了一些国有资产的武士氏族根本不能和华尔街代理人资本竞争,纷纷破产,从而迅速形成了一个代理人经济体系,日本民族资本不是被"扶植",而是被消灭了。

"明治维新"时期所谓的"官业处理",不仅"便宜到极点",而且"从

财阀的魔杖——日本金融战役史

第六年起分 24 年分期"付款,一位日本学者曾经如此评价:"基本上是廉价转让,有些几乎是白白相送。"参考文献:1.译文来自"赵建民,顾庆立著.明治政府的"官业民营"政策及其社会影响(82~87 页,注释 4).贵阳:贵州大学学报·社科版.1996,2";2.原文出自"(日)岛田隆.日本经济史(196 页).日本东京:山川出版社,1965"。

  整个金融战役的过程,就是先从政治上煽起武士氏族的贪心,博得支持,华尔街金融资本"拿大头",武士氏族集团"拿小头",共同瓜分国有资产,皆大欢喜,武士氏族上层拿到的虽然是"小头",但国有资产变成了自己的家族私有,也普遍心满意足,窃窃自喜。然后,利用央行集团通货信用紧缩,迅速把这些武士氏族企业的运营活力降低到零,并予以兼并,就这么简单。

  所谓的"官业民营"是"国际债权人集团"联手"日本武士氏族上层"对日本民众的一次空前的财富剥夺,也是"国际债权人集团"制造"金融危机",破坏日本金融秩序、业者营运和财税平衡的过程。游戏规则向央行财阀资本倾斜,打破了市场经济的基本原则。这个过程是对"日本武士氏族上层"这些"小剥夺者的二次剥夺",即"金融战资本凝结",给日本金融战役史增加了一点喜剧色彩。

"明治维新"时期,日本"官业民营"中的部分私有化转让数据表

产业	年份	政府投资	转让价格
高岛煤矿	1874	不详	55000
土界纺织所	1878	不详	25000
大葛矿山	1879	149546	27131
富风制丝所	不详	不详	不详
深川水泥	1884	169631	61700
小坂银山	1884	547476	273000
深川白炼化石	1884	93276	83862
院内银山	1884	675093	75000
中小板铁山	1884	73803	25000
长崎造船所	1884	628767	459000
油户煤矿	1884	46608	27943
阿仁铜山	1885	1606271	337000
品川玻璃	1885	189631	80000

第八章 日本金融战役史总结：警讯千年

产业	转让条件	接受人
高岛煤矿	200000 即付，余 6 分利，7 年付清	后藤象二郎
土界纺织所	15 年付清	浜骑
大葛矿山	12784，15 年支付，余 33 年内付清	冈田平马
富凤制丝所	不详	三井
深川水泥	25 年支付	浅野总一郎
小坂银山	200000，25 年付清，余 16 年支付	久原庄三郎
深川白炼化	不详	浅野总一郎
院内银山	2500 即付，余 29 年付清	古河市兵卫
中小板铁山	250 即付，余 20 年付清	坂本弥八
长崎造船所	25 年付清	岩崎弥太郎
油户煤矿	3000 即付，1 年内 6943，余 13 年付清	不详
阿仁铜山	10000 即付，87000 分 10 年，余 24 年付清	古河市兵卫
品川玻璃	1890 年起，55 年付清	西村胜三

表格说明：1.表中货币单位，均为日元；2.表格来源："赵建民，顾庆立著.明治政府的"官业民营"政策及其社会影响（82～87 页，"官业转让企业价格表"，注释 5）.贵阳：贵州大学学报·社科版.1996，2"；3.表格原始来源："[美]托马斯·C·史密斯著.明治维新与工业发展（第 176 页）.日本东京：东京大学出版会.1971"

三、"弥天大谎与历史真相"——"日本是世界最大的债权国"

"尽管使用欺骗吧，不要在意战争。"——摩萨德

"当真相在穿跑鞋的时候，谎言已经跑遍了全城，真相需要谎言来保护。"——丘吉尔

"我们的宣传对象是普通老百姓，故而宣传的论点须粗犷、清晰和有力；真理是无关紧要的，完全服从于策略的心理，宣传的基本原则就是不断重复有效论点，谎言要一再传播并装扮得令人相信，谎言重复一千遍就会成为真理。"——德意志第三帝国法本军工联合体的重要参与者、德意志第三帝国的宣传部长戈培尔

（一）"日本是世界第一债权国"说法的始作俑者——日本大藏省

2000 年日本大藏省，改名为"财政厅"，就是这个日本财政厅在 2003

财阀的魔杖——日本金融战役史

年5月26日公布数据:"截至2008年底,日本对外净资产余额为225.51万亿日元,比一年前减少9.9%,为3年来首次出现下降,但仍然连续18年保持全球第一大债权国地位。"(参考文献:刘浩远.日本继续保持全球第一大债权国地位.新华网刊载·新华网日本东京2009年5月26日电:http://news.xinhuanet.com/world/2009-05/26/content_11438473.htm)

(二) 日本政府负债已经超过国民生产总值

1. 日本的广义债务——超过日元总量的"央行抵押国债"

美国政府公布的国债,一直不包括抵押给美联储,用于发行美联储券的特别国债,在金融战役学中,只好称之为"广义国债"。直到里根时期,美国才有了一个正式的官方报告,可以隐约估计出这笔莫名其妙的债务,大约在100万亿美元以上,里根总统随即遇刺,这个正式的政府调查报告就被遗忘了(请参看拙作"货币长城")。

日本大藏省,本来就是一个发行货币的机构,却非要成立一个"独立央行",搞一个董事会,几个金融公务员就成了拥有日本一切阶层所有财富的世袭股东,这种"放权"奥妙就在这里。1873年,大藏省成立了日本第一央行·第一银行,也就是所谓的"三井财阀",实际上是日本第一个央行,负责发行货币。

然后,每开始发行1日元,日本政府必须向第一银行抵押大藏省特别国债,此后又分别在1882年和1942年成立了第二央行和第三央行,直到今天。这些抵押国债,什么也没有借入,但也必须从"国际债权人"处"借得"——因为这是为了增加日元信用总量的抵押国债,用日元购买不能增加日元信用总量,很多人不理解为什么"国债理论"最后必然走上"海外发行国债"的可悲道路,大藏省要对民营银行"放权"的奥妙就在这里——交出主权,换回数字,个人得利,愿打愿挨。

这笔债务还不能归还,否则就等于减少了日元信用总量,导致日本出现信用符号短缺,"先进的央行体制和赤字国债理论"又迫使日本自己不能发行信用符号来服务于本国实体经济,强行归还就会引发日元流动性枯竭,直至日元彻底消失——"还债,日本经济就会崩溃",这是独立央行骗局的一个自我维系的金融战机制。

日元是"硬通货"现象恰恰反映了日元的美元化实质。这笔抵押国债不论有多大,国际债权人都可以"借给日本",因为只是数字,用日本实体

第八章 日本金融战役史总结：警讯千年

经济为镜像，根本就是一个金融战骗局，什么也没有借，但账面上会积累下一笔本金与日元信用总量相等的债务，由于金本位记账和国债利息的利滚利，最终这笔债务，远远超过日元总量，趋于无穷大。即便日后日元贬值100倍，账面记录为硬币本位（包括黄金、白银、铜等金属币，都是"硬币"）的日元债务依然无法摆脱，这种奇妙的债务根本无法归还。

2. 日本的侠义债务——日本政府（中央和地方）的债务余额

日本1999财政年度末，约2000年3月，日本普通国债余额超过330万亿日元，占当年日本国民生产总值的69%。日本大藏省为了隐瞒债务，把数字搞得好看一些，人为地制造了"普通国债"和"长期国债"等统计概念，然后单独列表。这样看起来"问题稍好一些"，这当然是自欺欺人的事。有所谓的"西方学者"极力推崇"日本债务模式"，就是试图让发展中国家更快地落入"国际债权人"的金融战虚假债务圈套。

日本2000年度末，"长期国债"的余额为485万亿日元；1999年度末，日本地方政府各种建设债权和借款共计170万亿。日本政府1999年负债余额为985万亿日元，日本1999年国民生产总值约为491.2万亿日元。计算可得：1999年日本政府负债超过日本国民生产总值。数据来源："张舒英.浅析日本庞大政府债务的形成原因（13~21页）.北京：日本学刊（中国社会科学院日本研究所）.2000，2"；原始数据为中国社会科学院日本研究所学术文献引自日本官方数据。

以下采用保守的数字，以求最大限度的真实可信，"即使保守地估计，到1999年度末，中央与地方政府的债务余额（扣除重复计算因素）也有630多万亿日元。1999年度，日本的名义GDP规模约为495.2万亿日元。由此计算，包括地方在内1999年度政府的债务余额约是同年度国内生产总值的1.2倍多。"（注释同上）

3. 借款利率

这里的奥妙还在于：人们不理解这种所谓的"国债"，实际是为了促进经济、发展生产、与不断发展的实体经济相对应发行日元信用导致的"所谓的债务"。其实不用借债，但在"独立央行"、"赤字国债"、"债务货币"等金融战圈套以内，则必须"举债"，否则就"不合乎国际金融规范"了，央行就不"独立"了，实际这个机构根本就没必要存在。这些增加日元信用符号总量的国债，可以用日元来购买，但没有任何的意义，只能由"国际债权人"这个"外部信用源"介入，才可实际增加日元信用总量，促进

财阀的魔杖——日本金融战役史

日本经济的发展。债务金融主义历史阶段，有一种"债务越多，国家越繁荣的畸形现象"，问题不是这个荒谬机制"优秀"，不是债务真的促进了繁荣，而是本应由各国政府自行发行信用符号，必须由拥有美元、欧元等信用体系的罗思柴尔德家族写出信用数字，有足够的信用数字，才能发展相应规模的实体经济，否则就会陷入通货紧缩型金融危机——这不是金融，而是金融战役。

所以，这笔已经超过日本国民生产总值的天文"国债"，只能用美元计算，利率不会少于 1.5%/年，很可能还是复息，如果不是复息则利率会比这高得多。日本政府必须接受任何利率，多高也要接受，否则就得不到"国际债权人"的"眷顾"，社会就无法发展，经济就无法运行。

图片说明：（左）2009 年，日本财务大臣藤井裕久；（右）日本政府狭义负债，即日本政府公布的政府负债数额与日本国民生产总值的比值曲线（国际货币基金组织）。

4．背离系数

笔者发现虚拟经济学中存在一个有重大金融战意义的变量，称之为"**背离系数**"，下面以日本现状为例，重温一下这个概念的实践意义。日本财务大臣藤井裕久 2009 年 10 月 20 日宣布："政府将通过增发国债来应对税收减少（60 年来第一次），日本 2009 财年新发行国债有可能首次突破 50 万亿日元（约合 5500 亿美元），创历史最高纪录。"且"据国际货币基金组织预测，在发达国家中日本的债务最高，其**政府债务余额对 GDP 的比率将从 2007 年的 188%上升到 2014 年的 246%**。"、"**债务利息几乎就花掉了 2008 年日本预算的 20%**"（参考文献：王丽颖、詹晨编译.债务黑洞·日本比美国陷得深.新华网刊载：http：//news.xinhuanet.com/fortune/2009-10/22/content_12296088.htm）。

第八章 日本金融战役史总结：警讯千年

实际根据日本官方数据计算，1999年日本国债已经接近了国民生产总值的2倍，这是露出的冰山一角，比如，日本可能还有近80万亿的隐形债务不敢承认，偷偷加入预算"消化"，这个现象也困扰着日本财政，里面问题多多，就不多说了。所谓的"狭义国债"是"显性化"的问题，俗话说"盖不住了"。

如果假设日本狭义国债平均利率为1.5%/年，这是参照美元长期利率平均值，实际"国际债权人"认购利率会超过美元国债平均利率，尤其在日元升值停止的情况下，利率不会低于2.5%/年，为可靠起见，这里取较低的估计值。广场会议以后，日本平均年经济增长约1%，近20年有时为零，有时是负数，平均不超过1.1%，方便举例，取整。

日本财政的背离系数则为：1.5%－1%＝0.5%，"**延展背离系数**"则为：（0.5%/1%）×100%＝50%，以此可以计算出如下推论：

（1）日本政府负债，将以不少于每年1个百分点，即"延展背离系数"乘以"日本政府债务余额/日本国民生产总值"得出的"倍数"——**陷阱系数**的速度，对日本税收和预算进行侵蚀，直至预算全部用于支付利息，继续扩大，直至无穷……

（2）一旦"背离系数"为正数，则说明该国财政深陷债务陷阱，出现了不可逆转的债务内爆，税收财政的平衡性与灵活度逐渐趋于丧失，实际处于破产的状态，柔性调整的可能性趋于消失，刚性调整的难度和代价逐渐增高。

（3）如受限于主客观条件，不进行或无力进行以否定债务合法性，彻底取消"国际债权人"相应"债权"为唯一特征的刚性调整，则债务会以稍微快于"背离系数"数学模型推算的速度发展，直至出现财政税收总崩溃。因为"债务"会"利滚利"，而且政府负债会引发民间债务，这不算入政府狭义负债，但属于一个国家的广义负债。债务规模超过年国民生产总值后，会出现"还息财政"，这会形成对国民经济运行和财政收支的影响，直至在金融战债务压力下，必须把国家主权全部交给"国际债权人"，统一"财政托管"后问题才会随之好转。此间，抵抗越小，"国际债权人"施加动荡压力的潜在动机就越低，但主权和广义财富所有权、分配权失去也越快，财富丧失也越彻底。

（4）这种总崩溃在金融主义历史阶段以前，会导致社会总危机的爆发，但在金融主义的第二阶段，也就是债务金融主义阶段历史时期，则仅仅会

导致跨国金融僭主家族对一个国家全面、彻底地拥有和主导，而不会对国民经济造成"太大"的实质危害。原因在于：这种所谓的"负债"是金融战役的结果，不是传统历史条件下，实体经济运行失衡导致的物理损失，而是一种虚拟经济条件下，服务于金融战役目标的虚拟债务，其本质是广义财富转移机制的产物，是一种全球范围的宏观资本凝结。

（三）了解这一点的实践意义

1. 有助于理解金融战广义社会心理操纵、广义舆论欺骗和广义学术高端主导体系的客观存在。

2. 有助于理解19世纪末，所谓的"向日本学习思潮"的金融战实质和"日本模式百年来自我实践"的历史后果。

3. 有助于理解央行理论、债务货币理论、赤字国债理论等金融战骗局的战役过程，对一个金融战对象侵蚀和危害的不同阶段的真实展现和金融战的高烈度、腐蚀性、低察觉性并存的特征。

4. 有助于理解虚拟经济的危害，虚拟增长的金融危机的实质和欧美日广义终生负债、社会零储蓄条件下的特征为"高收入高消费"的社会成员世袭赤贫化的物理实质。

5. 有助于理解在社会主义国有制金融基础上，党委监督、民主集中、党管财政，服务人民体制的优越性和不可替代性。

四、日本金融战役的历史微澜

（一）大幅贬值的金融战意义

1873年，1日元1.5克纯金，2009年1日元约等于0.00029305克纯金。据2009年10月21日，纽约外汇牌价：1美元兑换92.13日元；2009年10月21日，纽约黄金平均交易价格约为1克黄金37.0376美元，折合3412.2796日元，136年，相差了约5118倍。

1. "有利的一面"——国际债权人视角

这可以逐年在统计数字中，制造出累计不少于5118倍的虚拟增长——这一部分是真的增长，一部分仅仅是"感觉"，后者很重要，因为这会制造出"有说服力的满意度"。这种满意度有力地削弱了日本各界对"官业民营"导致的日本民族实体经济所有权逐步丧失的反弹，制造了古代东亚实体经

济模式绝对无法实现的"经济飞跃",彻底摆脱了物理限制,日本突然就实现了"经济起飞"。

2."不利的一面"——日本民族视角

"国际债权人"缔造的日本央行财阀集团,通过不断释出日元信用,"溢价",似乎超出了当时市场"估价"或现时市场"利润回报",以此兼并日本非央行财阀资本集团的中上层武士氏族在"官业民营"过程中"分得"的日本国有资产,在一片感激声中,用有计划的逐年贬值,逐渐用全日本人民的实体劳动填补了这个"信用空白",使原本掌握着日本上层建筑,并自古享用着日本最多资源和财富果实的武士氏族集团,不仅丧失了政权,还在不知不觉间丧失了一切财富。他们开始是"联手外国银行家和代理人分得的国有资产",然后就是出卖珠宝、老宅、祖田,最后坐吃山空,陷入破产,然后世袭赤贫化,世袭债务化,这也就顺利达成了"大剥夺者"对"小剥夺者"的二次剥夺,使"中小剥夺者"最终成为"被剥夺者"的金融战的完整过程。

(二) 贫困,还是富有

1. 富裕的统计数字

2008年日本国民生产总值约为507.6147万亿日元,根据日本官方统计,截止到2008年10月1日,日本总人口为1.27692亿(参考文献:刘浩远.日本人口时隔2年再次出现下降.新华网刊载·新华网日本东京2009年4月17日电: http://news.xinhuanet.com/world/2009-04/17/content-11198105.htm),折合人均年国民生产总值397.5305万日元,按照2009年10月21日纽约外汇市场牌价计算,约为43148.87美元。

2. 学者的呼声

"日本《经济学人》周刊2009年5月12日一期发表文章,题目是《要正视贫困大国日本的现实》。"(参考文献:刘瑞常.日本《经济学人》·贫困正在日本蔓延.人民网刊载: http://world.people.com.cn/GB/9275798.html)

截至2007年,日本33%的劳动力,以"派遣人员"的名义就业,实际有活就干,没活就走,大多没有保险和福利,也没有稳定的收入。截至2009年3月,更有4.8%的人员陷入纯粹失业,也就是临时工作都找不到。"**日本的派遣工人有事做才有工资,而且大多数没有保险,有保险者,理赔条件极苛,只有两成人有幸拿到。他们也住不起房子。**"(参考文献:日本已

沦为"贫穷大国"·不宜再自欺欺人.人民网刊载：http://finance.people.com.cn/GB/9290416.html）

这里要注意一个问题：33%的劳动力沦为"派遣人员"，是从日本整个劳动力人口进行粗略估算，实际上主要指男性，因为日本很多女性或出于就业压力，或出于传统习惯，结婚后就成为职业的家庭主妇，这实际构成了一种全局性的隐性失业，影响深远，后果严重，这就是日本所谓"女性回归传统"论调的金融战骗局实质。故此这33%的比例，实际上占日本男性劳动力人口的33%~66%，日本已婚女性就业率仅具有象征意义，这已经是一个严重的社会问题，具有刚性矛盾的特征，深层次矛盾是跨国金融资本对日本这个"经济大国"广义财富转移机制的持续运作的历史性结果——短期"繁荣"的代价是持久的衰退，这就是虚拟增长背离物理规律的回归。

有一些"生活在日本的人毫无这种感觉"，这很正常。因为中国到日本、美国、欧洲去访问、讲学、经商、读书的人们，层次都相对较高，社会活力相对较强。与之相对的，就是接触的，或者说想看、想听、想了解的，都是日本先进的人和事，这是出访他国的主要目的。日本与这些出访者接触的，也都是收入较高的人，故此常会忽略经济层面的深刻矛盾与危机，甚至一点都感受不到——人都有一个精装版的自己用于社交，一个简装版的自己用于生活。

3. 虚拟经济的魔杖

（1）美元体系对日元的逆向虚拟经济反馈

第二次世界大战后，底特律银行总裁，银行家约瑟夫·道奇被派到日本，直接掌握了日本的货币、金融、财税、预算事务，规定了360日元兑换1美元的比价，截止到2009年10月21日，纽约市场汇价为92.13日元兑换1美元，升值3.9075倍。日本目前年人均国民生产总值约为43148.87美元（见上），约等于20世纪70年代日本的11042美元，这不过是用第三国货币视角，得出的一个扭曲的虚拟经济评测数据，日本人民用日元衡量时，没有感觉到变化，因为他们收入和支出的都是日元。

（2）美元体系对人民币的逆向虚拟经济反馈

1980年，1.5元人民币兑换1美元；2009年10月21日（参考文献：中国外汇交易中心授权公布人民币汇率中间价公告.中国人民银行网站刊载：http://www.pbc.gov.cn/detail.asp?col=483&ID=2860）人民币汇率中间

第八章 日本金融战役史总结：警讯千年

价为：6.8278元人民币兑换1美元。此间，美元相对人民币累计升值约4.5518倍。2008年中国人均国民生产总值为22698元人民币（数据来源：系列报告之一·光辉的历程·宏伟的篇章.中华人民共和国国家统计局发布：http://www.stats.gov.cn/tjfx/ztfx/qzxzgcl60zn/t20090907_402584869.htm），据2009年10月21日汇率，折合约3324.35美元。如果不与美元体系发生虚拟经济下的"汇率互动"，仅参照1980年人民币对美元固定汇率计算，则折合15131.77美元。

（3）美元虚拟经济的魔法背后

如果抛开美元体系，人民币与日元固定不变于20世纪80年代末的计算结果，然后再折算回美元，得出的数据：**排除美元虚拟经济对世界各国的逆向反馈影响后，日本2009年，人均11042美元，中国人均15131.77美元，1:1.37。**

（4）意义

①如果考虑到1949年新中国成立初期，中国工业几乎一片空白：粗铁产量低于清朝乾隆晚期；全国度量衡一片混乱；宋朝就开始出现的彩色套印已经彻底消失了，要依靠"委托洋行印刷"；铁钉叫"洋钉子"，铁皮叫"洋铁皮"，蜡烛叫"洋蜡"，火柴叫"洋火儿"，北京很多老人至今还这么说。日本同期，却可以制造大型战舰和在当时很先进的零式战斗机，如果考虑到这个起点的不同，就可以看出社会主义制度的优越性，也可以看出"日本模式"的历史危害性。

②人们必须认识到金融僭主家族和金融主义的力量与危害，"世界政府、世界央行、世界货币"的世袭金融芯片奴隶制世界的图谋具有实现的可能性，法西斯刺刀上悬挂的"大东亚共荣圈"的旗帜，可能会换上类似"欧洲共同体"的字样第二次出现，但金融僭主世袭、独裁、剥夺与控制的性质却毫无改变。人们绝不能掉以轻心，盲目乐观，陶醉于虚拟增长的数字游戏，否则就会走上日本的老路。

③"日本模式"的本质就是"金融代理人经济"和"虚拟增长维系稳定"的大杂烩，是趋于没落，但却暂时强大的金融主义的畸形儿，社会主义实体经济的生产关系和上层建筑的基础是一个弱小的国有经济体系的婴儿，不能因为婴儿弱小、"无用"就弃之山野，这是一道选择"弱小"却有生命力的明天，还是选择"强大"却垂垂老矣的昨天的历史选择。

物质世界中并不存在虚拟经济，虚拟经济仅仅存在于人们的头脑和实

财阀的魔杖——日本金融战役史

体经济的数字镜像中。脱离了实体经济的虚拟经济，不过是心理幻象和金融战骗局；一个民族发展市场经济离开了对实体经济的所有权，就失去了一切意义。在美元体制内，私有化、民营化就等于金融僭主化，没有任何的不同；在金融主义时代，不存在民族民营资本生根发芽的历史土壤；在丧失了实体经济民族所有权的基础上的"工业化进程"，等同于非工业化进程。

4. 央行资本集团与日本对外战争的结局

（1）军工私有化的结果，必然导致军事指挥系统的私有化

日本央行由"国际债权人"拥有，不仅控制着日本的储备、货币、财税、预算，也通过央行财阀体制，把日本国有军工体系全面私有化了。几乎是一分钱不花地把日本军工联合体，划归了欧美金融僭主控制的日本央行资本集团，通过军队培训、军工战略等巧妙地操纵着日本的战争机器和战略决策。第二次世界大战期间，日本不"北进"合击苏联，而"南下东进"挑起和英美的全面战争，这种注定要失败的荒唐军事决策，有着深刻的代理人军事体系的烙印，背后黑幕重重。

（2）虚幻的胜利——日俄战争（1904.2.8～1905.9.5）

日本在日俄海战中，所谓的胜利，根本就是一场国际垄断金融资本操纵的金融战闹剧。"美国此间借给日本的款项达5次之多，**累计4.5亿美元，仅日本给纽约的抵押品即价值0.5亿美元。在贷款利息上，美国给日本以优惠。**如1902年时美国对日本贷款年息为1分，至1905年时，利息只收4.5厘。美国还以私人贸易的名义，将粮食、交通工具及建筑器材等物资大批运往日本。此外，比利时、瑞士、荷兰、法国也借用美国名义，购买了大批日本债券，间接地为日本筹措了大批款项。据资料记载，在日俄战争期间，日本平均每天要消耗100万美元，**全部战争费用约10亿美元（不算利息），这个数字相当于**日本1903年国家预算的7倍，这是日本的财政力量根本无法负担的，日本战争费用的90%是靠着公债和外债（以外债为主）。"（参考文献a：刘大年著.美国侵华史.北京：人民出版社.1954；参考文献b：大连地方史专家王万涛先生的文章，王万涛.日俄战争期间美国扶日拒俄及其对战争的影响.旅顺日俄监狱旧址博物馆网站刊载：http://www.lsprison.com/xueshu/bbs/dispbbs.asp?boardID=3&RootID=57&ID=57）

为什么这段内容，记载于《美国侵华史》呢？日俄战争让日本成了英美金融僭主家族的债务奴隶，这里有一个问题——根据此场战争日本政府对华尔街的负债总量，粗略估计可得，当时华尔街已经拥有了超过日本国

第八章 日本金融战役史总结：警讯千年

民生产总值的债权，仅这一次战争债务的年息可能就已经超过了日本经济规模年增长的绝对数额，这却没有持续反映在日后的日本财政负债之上。这个奇怪的现象就是金融战役学中所说的"广义债务"，即包括公开债务、秘密债务的总和与"狭义债务"对债务金融主义阶段的"历史意义"。所谓秘密债务，客观存在，就是发行货币抵押，且是不需要抵押给华尔街僭主家族的虚假国债，这是一种权力转移和政治交易的混合产物，而不是物理层面的金融借贷与经济盈亏，故此秘而不宣或"宣而消失"，却不影响一个国家的经济发展：因为这些债务是金融战役的产物，是债务金融主义的产物，是**虚拟债务**。

图片说明：小村寿太郎（1885～1911），日俄战争（1904）后秘密跑到美国，在华尔街银行家的授意下，签署《朴次茅斯条约（Treaty of Portsmouth, 1905.9.5）》，引发了"日比谷纵火事件"等一系列社会动荡，时任日本外相，是日本央行金融集团的情报高手，是华尔街重点培养的"日本赴美公务员"，由于善于利用外交人员身份搜集情报，被西方媒体戏称作"鼠公使"。

这场战争所谓的"胜利"，是日本金融战场的失败和以美国华尔街为主的银行家集团的胜利。这几乎等于替美国华尔街银团"攻城略地"，也包括日本。所以就不难理解美国总统、华尔街世袭银行家西奥多·罗斯福为什么"忙前忙后"了。由此可以粗略估计一个问题：日本央行早期到底按照什么样的利率向"国际债权人集团"借贷，可以粗略看出：平均10%，"优惠利率"4.5%，本书为了公平可靠，一直按照1.5%的水平予以估算，实际上日本央行早期给日本带来的债务危机，恐怕要比这里所说的"还要紧迫得多"。

有关日本央行、大藏省在1904年到底发行了多少国债，数目不详，因为还有一种"流传于日本民间"的"特别战争紧急国债"的说法。据说，

财阀的魔杖——日本金融战役史

战争期间日本在英国伦敦金融城发行了部分紧急战争债券，由此可见美国华尔街和伦敦金融城是日本海外融资的两大通道。这些"紧急战争债权"也对日本国内发行，但以日元信用扩张为目的的"抵押债务"，依靠日元信用认购会导致"无效化"，只不过走个形式。

这批"紧急战争国债"的利率高达40%～60%不等，年限不同，约分为6～20年，而且由日本国内的"国债承销人"，而不是日本政府直接在伦敦金融城发行，这就制造了国债国内发行的假象。日本把国债首先交给"国债承销人"，此时会打一个折扣，然后由"国债承销人"在海外"融资"。1904年的国债承销折扣为92%～94%，也就是说：日本内阁批准后，大藏省发行100日元特别债券，"国债承销人"拿走这100元的特别国债，然后交给大藏省92～94日元的等值外币融资，第二年，日本政府需要给"国际债权人"支付40～60日元的利息。整体来说，日俄战争（1904）中，日本海外借贷利率不低于4.5%，特别紧急战争债券要高很多。

笔者个人有一种没有证据的猜想：这些传说中的"特别紧急战争国债"可能存在过，也可能没有存在过，但**一定没有真正在伦敦发行**，因为这不符合当时国际筹资惯例，唯一的可能是进了一些"债券承销人"的腰包，他们用4.5%，最多10%的利率转销了这批日本国债，然后从中得到了一笔高息债权。关于到底是谁得到了这笔神秘债权呢？日本央行的历史档案是谁也无权索取的，日本内阁、日本"天皇"、日本"大藏省"、日本"检察院"都无权干涉"独立的金融事务"，也就成了一个历史之谜，这就是央行"独立理论"的"妙处"。

但是从其他国家可以看出一些端倪，日俄战争（1904）以后，俄罗斯对于美国犹太银行家雅可布·希夫非常不满，认为他帮助日本融资打败了俄国。时任美国总统的华尔街银行家西奥多·罗斯福在给朋友的信中写道："战争刚一起始，我便谨慎而客气地通知了德、法两国，如果德、法、俄再像1894年那样联合对付日本，我便立刻站在日本方面帮助它，直到它不需要为止。"（参考文献：王芸生著. 六十年来中国与日本·5/8 卷.北京：三联书店. 2005）。

由于日本这次所谓的"胜利"，导致了日本成为"国际债权人"的债务奴隶，还有一些高得令人诧异的"特别战争国债"的传言，导致日本的"胜利"反而在国内引发了持续且严重的社会动荡。

5. 日本金融战役在实施过程中，社会反弹小、战果大的原因

日本的金融简史，到第二次世界大战就结束了，有关此后的一些事情，请参看拙作《货币长城》的"日本金融战役"，就不重复了。这里要提及一个简单而又严肃的问题：日本难道没有过反对金融僭主渗透的斗争吗？不，有过，而且很激烈，但都以失败而告终，原因主要有如下几点：

（1）日本战国时代太久，延缓了成熟统一文化的形成

日本战国时代持续太久、实际统一太晚、藩国战争体制太过"成熟"，这一切都阻遏了日本文化的成熟与强大，一直是一个从属性的弱势文化，很容易被改变。日本文化的这种改变，不是中华文化的"取他人之长"，而是迅速地丧失了日本文化的特质和向心力，转向"强势文明"，并不以为意。日本文化外表刚猛、内涵软弱，外表坚强、内涵绥靖，外表团结、内涵松散，外表求强、内涵趋强，外表统一、内涵离散，外崇忠信、内藏小智，外显躬亲、内隐不忿，外示舒缓、内压日剧，外观求变、内心凝固，外表开放、内心封闭，外行豪纵、内里拘谨，外看成熟、内待时日。这种文化特征，特别适合金融战广义社会控制策略的实施，对日本民族的战略利益损害极大，且具有隐蔽性、持久性。

（2）日本"工业大国"的地基是民族工业的荒漠

日本战国末期武士集团人数过于膨胀，占人口的7%，这些人又是统治阶级，几百年来以藩国战争为"职业"，是日本没有真正统一，藩国林立，藩国军队膨胀的结果。"明治维新"后，日本并没有出现民族工业化进程，而出现了一个"特别迅猛"的外资工业化进程，结果就是日本没有完成工业化，民族经济在"繁荣的外资经济"中彻底瓦解。外国银行家族拥有的央行财阀资本集团，必然是一个对"自身"追求包括短期和长期的全面利益，而对日本民族则会有着鲜明的"短期决策"特征，追求短期效益——解决占日本人口7%的、有军事传统、社会地位要求又较高的武士阶层的吃饭问题，最简单的方法就是军国主义道路——打不了藩国内战，就打"外战"。我国中学的历史教科书中说："**日本军国主义在第二次世界大战期间，发动侵略战争，转嫁经济危机**"，这个历史评价很多学生并不太理解，但又是洞察历史的真知灼见。

军国主义者不仅不疏导社会矛盾，还制造更加不理性的"新武士道思潮"，推波助澜，日本神道的最高统治者"天皇"，为了家族利益，也试图利用这个军事集团，结果日本"明治维新"除了把国家民族经济的所有权

财阀的魔杖——日本金融战役史

和主导权交给了"国际债权人",在日本建立了一大堆外资企业外,在社会构架上,依然存在一个庞大的武士氏族集团,不过演变成了"军部势力",战国时期的社会弊端没有得到根本的解决。

第二次世界大战后,美国银行家道奇联手日本央行集团在日本建立了一个荒谬的"出口导向型经济"。"高盛集团的研究显示,只要美国个人消费每降低1个百分点,日本国内生产总值的增长就会下降0.27个百分点。"(文献来源:"张锐.日本经济·多重压力下的煎熬.北京:中国外资.2008,5")。华尔街有一种"美国出现了进口需求,导致日本出口占了很多便宜"的说法,从微观上来说无疑是正确的;但从日本宏观上来说,则是灾难性的悖论——日本实体经济控制在"国际债权人"手中,日本实体商品由"国际买家"享用,日本人民得到的是美元信用数字,又存入华尔街"国际债权人"拥有的"在日本银行"——这就构成了一个"日本付出劳动,得到数字的荒谬模式"。

这必然导致日本国内出现有效就业、有效消费持续低迷,而经济规模不断发展、出口统计数字持续"攀高"的矛盾现象,日本人民的生活由于收入与物价成正比发展,得到的实惠没有实现与统计数字增长相对应的增长,但"物价岛效应"在一定程度上缓和了这个矛盾,而物价岛效应的本质,又是对世界范围内的美元广义财富转移体制的"消极分享"。

日本的社会就业问题持续得不到解决,这却是一个有利于央行财阀集团降低综合成本的"利好基石",也是"国际债权人"对日本实体经济进行广义财富转移的基石和后果——因为只有这样才能有效抑制日本国内的有效需求,从而实现美元数字换日本商品的财富转移。故此,日本的失业问题不可能得到真正的解决,这导致19世纪的日本一直在战争、动荡和隐性个人痛苦三者之间摇摆。

(3)金融僭主体制的成熟

日本的实体经济牢牢控制在"外资"手中,没有国有经济的基础,包括饮水、粮食、军工、电信、交通、医疗、教育、出版、政党……等一切社会上层建筑都被私有化,然后"国际债权人化"了,日本没有产生真正民族主义的土壤。

19世纪末,日本逐渐出现了极右思潮,极右势力是日本军国主义对外侵略的急先锋,但从社会底层来说,又与纳粹德国的情形有点类似,日本极右翼的底层成员有着某种类似"爱国"的一面,但并不是真正的爱国主

义和民族主义。由于日本社会的生产力属性,军国主义右翼势力又必然和日本门阀体制一样,都是央行财阀资本集团豢养的政治集团,日本门阀体制95%的资金来自财阀的"政治献金"。

这就让19世纪的日本军国主义、日本右翼势力所谓的"爱国主义"有了一种闹剧的色彩。日本军部在与央行财阀资本集团争权夺势的过程中,又仰人鼻息,俯首贴耳,不可能有成功的机会。所谓的"爱国主义"只是金融僭主体制广义社会控制策略的组成部分,是一种完全背离爱国主义的"假爱国主义"。一个背离了民族利益和道德正义的侵略思潮,绝不可能涌现出真正的爱国运动,也不会真的代表日本民族的根本利益。

第二次世界大战后,日本所谓的"极右翼帮派"则更加带有鲜明的黑社会、金融情报体系的边缘情报组织、隐性高利贷金融延伸体系、央行财阀"雇佣者"的色彩,沦为金融僭主体制下,带有流氓无产者色彩的金融僭主的底层统治工具。

第九章

美丽的日本列岛、褪色的战役历史

一、荒谬的极右势力与荒谬的央行财阀资本集团之间的几次较量

(一) "西南战争(1876)"到"2.26事件(1936)"

1. 起伏、错乱的斗争

从1876年到1936年,是日本"明治维新"开始后,金融僭主体制尚不成熟时期的社会反弹"显性化时期"。此后,矛盾虽然没有得到根本解决,但随着金融僭主体制的强大与成熟,社会矛盾逐渐被压迫,隐性化了。本来,从一开始的"倒幕战争"也应划入其中,但王朝更迭总会带来战争和动荡,这很难分清,故此不予列入。

2. 日比谷纵火事件

随着日本军国主义思潮的兴起,除了"维新三杰"的暴毙和伊藤博文等一系列高官被暗杀,大的社会动荡高潮从"日俄战争"日本沦为英美银行家族债务奴隶的问题公开化以后,各种社会矛盾骤然激化。日本内部,尤其是底层反对西奥多·罗斯福奠定的日俄战争"和约",即《朴次茅斯条约(Treaty of Portsmouth, 1905.9.5)》。

该"和约"由华尔街银行家直接出面,日俄代表在美国新罕布什尔州朴次茅斯海军基地,秘密签署该协议,签署者是小村寿太郎(1855~1911)。他是1875年、1880年先后两次秘密赴美接受培养的"知西派",时任外务大臣和枢密顾问官,也是央行情报体系的核心成员,"日清开战论"倡导者,被当年的日本媒体称为"开战之急先锋"。

第九章 美丽的日本列岛、褪色的战役历史

小村寿太郎跑到美国海军军事基地,和俄国秘密谈判并签署停战协议本身就"不太合适",所以日本舆论认为是他联合外国银行家出卖民族利益,因此有人把他的家烧了——日本"胜利"后,国家年税收不够归还每年的负债利息,日本社会陷入了严重的金融危机。

这个反对日俄战争的"和约"事件史称"日比古纵火事件",规模比较大,一直延续了下去,日本史学界有时把此后一系列事件称作"大正政变",把这些社会动荡说成是"反对天皇的民主宪政运动",且为少数人所为,实际恰恰相反,是带有极右和军国主义色彩的、坚定的"天皇拥护者"所为。

3. 昭和金融恐慌(1927)

(1)昭和金融战役

昭和金融危机,昭和大恐慌是世界步入金融主义的序曲在日本的预演。表面原因是"关东大地震"(1923.9.1),内在原因是华尔街发动的金融战役——所以华尔街"大萧条"(1929)不是从美国传到日本,日本1927年率先爆发了史无前例的昭和金融危机。

这里说一个"学术问题",算是介绍一下相关历史背景:有一种说法,昭和金融危机是因为1926年日本开始实施金本位。还有一种说法,"日本利用甲午赔款(甲午战争,1894～1895)进行了币制改革,建立起金本位制",这些说法不是学术,也不是历史,均属戏说。

这里不谈所谓的"甲午赔款",实际上一分钱也没有到日本政府手中,日本不但没有依靠这笔钱"一举解决财政问题",反而在金融战的债务泥潭中越陷越深——日本得到的是英镑和美元信用符号,银行家拿走了银元,还压低银价坑了一下清朝,然后通过日本央行财阀体系,把这些钱投入了军工制造。如果军工企业国有,则资金进入一个循环,而央行财阀体系根本不属于日本民族工业,购买外资企业的军工产品等于形成隐性贸易逆差,这笔钱不但不够,还要借很多债。军工品的定价、成本核算都是央行·财阀·大藏省这个体系说了算,一笔胡糊涂账,日本反而欠债越来越多。

日本金本位绝对与"甲午战争"无关,日本从"明治维新"开始就确立了金本位,准确的时间是《**新货币条例**》(1871.6.27),史称"明治时期的货币旧法",1日元等于1.5克纯金——请注意:这是指当时日本"新货币条例"规定的日元含金量,不是目前日元与黄金的比价,下同。

1897年,日元含金量调整为1日元等于0.75克纯金,为此通过了《**日本货币法(1897)**》,史称"明治时期的货币新法"。1926年恢复**金块本位**

财阀的魔杖——日本金融战役史

工厂成为央行财阀资本集团的一部分，争相恳请被兼并和接受，交出企业，成为拿工资的"代理人"，反而成了一种现实的选择。

那些没有被"看上眼的"企业主只好破产，很多人选择自杀，甚至举家走上绝路，因为资不抵债要流落街头，一个使奴唤婢的人，即便拉下脸，横下心，下决心拉着一家人去要饭，也不那么好要，因为底层已经"送儿送女"了。

（2）昭和金融战役期间日本企业所有权转移与债务负担的关系

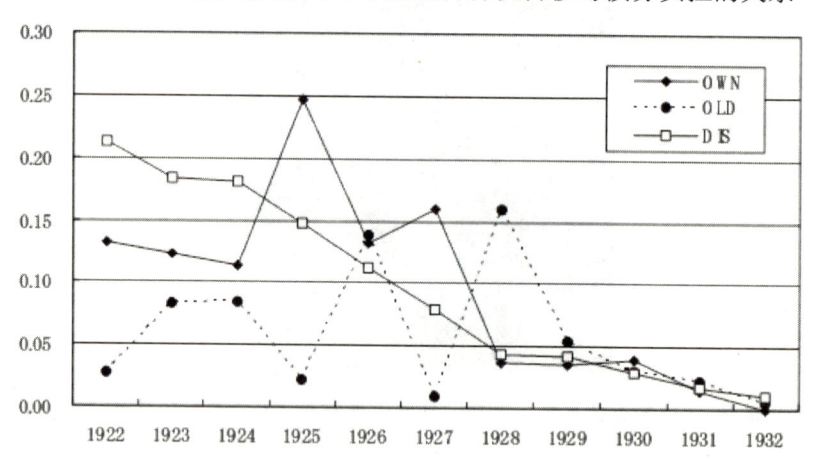

注：投资比率是通过(当期末固定资产-前期末固定资产)/前期末固定资产的算式所得出。

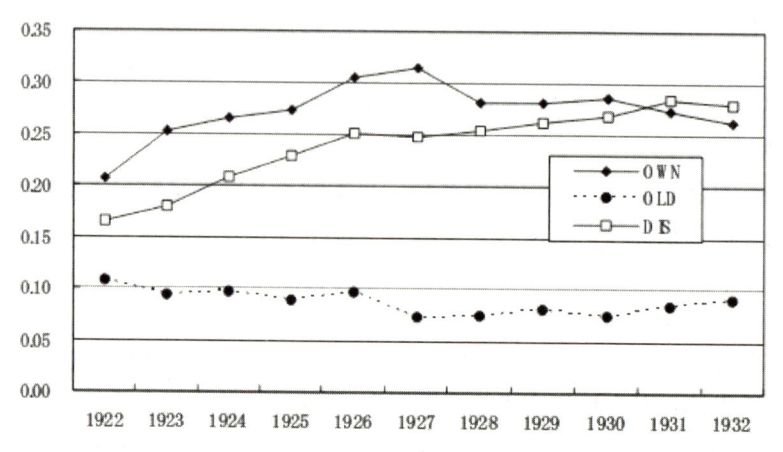

注：负债/总资产比率是 (借入资金＋公司债务＋支付汇票)/总资产 的算式得出

表格说明①："OWN"为"日本普通大中型家族企业"、"OLD"为"日本央行财

第九章 美丽的日本列岛、褪色的战役历史

阀资本"、"DIS"为"两者之间的离散企业，实际可类似于一个统计学上的中间对照组"，由此可看出，1922年，也就是在"关东大地震"（1923.9.1）之前，日本企业负债情况已经普遍恶化，直至昭和金融战役和"井上财政"（1929）的"信用枯竭策略"把日本产业投资的活力降低到了"零"。表格文献来源：（日）川本真哉.企业投资行动和大股东的性质·战前由日本带来的影响（"投资比率的变化图-1；图-1·投资比率的推移"，第6页，京都大学大学院经济学研究科博士后期课程）.复旦大学日本研究中心刊载：http://www.jsc.fudan.edu.cn/meeting/060221/川本真哉.pdf。

表格说明②：

结论 a：昭和金融战役前后，"日本普通所有型企业"的负债是日本"财阀型企业"的1～3倍。

结论 b：日本普通家族企业集团不论是否存在"金融危机"，都持续高额负债，在当时日本利率普遍达10%～30%，而税后利润不足5%的情况，这些所谓的"独立企业"，实际一直在破产运行。《日本破产法·2005》（1922年始定）第127条第2款明确规定："法人公司资不抵债，不是破产的原因。"，是从属于"国际债权人"主导的"日本"央行财阀资本集团的跨国广义金融托拉斯在日体系的最底层。

结论 c：普通企业30%的负债率，不仅在当时利率远高于10%的恶劣流动性枯竭型"金融危机"的环境中必然破产，而且与"财阀企业"相比，竞争力丧失殆尽必然被兼并，但是从日本普通企业来看，负债起伏却不是很大，没有突然的大起大落，这就反映了这些企业的债务控制能力很好，在恶劣的环境下依然维系着最低限度的"债务平衡"，反映出较好的整体经营素质，可见"经营法则和市场经济"不是导致日本大萧条前期，也就是进入金融主义阶段前期所谓的"资本兼并"的主要因素，金融战役起了决定性的作用。同上，原始文献第7页，"投资比率的变化图-1；图-1·负债/总资产比率的推移·图-2"。

4. 昭和金融战役中"央行流动性注入"与"公平救援"的实质

"昭和金融危机"以后，日本民族资本就基本消失了，奥妙就在于"央行注入流动性"，这种说法在2007年"次贷危机"中，人们很耳熟，却没有任何一个学者和媒体告诉公众：这是金融僭主家族通过央行骗局和金融战役进行的终极资本凝结——所有权在一片掌声和感谢声中，秘密转移了。原来控股家族企业的世袭资本所有者，变成了世袭工头代理人——央行财阀资本的垄断市场与市场游戏规则的超级资本能力，直接导致了日本"非央行金融机构"的全面劣势和最终瓦解。

金融大恐慌从发生到告一段落约50余天里，日本歇业银行多达37家。

财阀的魔杖——日本金融战役史

日本央行在侵占的中国台湾地区的所谓"台湾银行",央行分部之一支付的"西原借款"0.47亿日元,由日本政府代为负担。1923年日本国库存款部"代管"日本国库的则是"日本"央行,曾以0.5亿元的低利资金补助其营业,1925年复将利息减至2厘,即年息2%。

1928年特别融资"台湾银行"1.85亿日元、"台湾商工银行"350万日元、"华南银行"300万日元。特别融资的回收期限虽为10年,但1929年日本政府决定:包括"台湾银行"在内的"日本"央行系金融机关,即央行财阀系的8大特许银行的融资和全部损失由政府负担。参考文献:(日)矢内原忠雄著,周宪文译.日本帝国主义下之台湾.台北:帕米尔书店,1987。

日本央行财阀体制获利时,就拿出私营的跨国投资产权所有文书;亏损时冒充日本国家机构,损失由日本人民的税收承付,这就是金融主义时期特有的"伪市场经济"和"伪国有央行"现象,是金融战的闹剧。

1817年之后,"国际债权人"直接控制着日本央行分部,所谓的"正金银行"为专营外币的央行分部,向中国进行金融侵略,把"北洋政府"拉入了持久的债务泥潭,经手人是日本央行金融情报机构的情报人员西原龟三,史称"西原借款"。外相北野一郎称这个金融战债务策略为"菩萨面孔,夜叉心肠",派遣西原龟三的首相寺内正毅曾经说过:"这何止10个《二十一条》"。"西原借款"先后金额涉及约1亿~3亿日元,让"北洋政府"彻底成了"国际债权人"的代理人,这就是李鸿章留下的"北洋政府"的金融状况。

5. "5.15事件"、"2.26事件"、"88舰队案"的实质

人们一般只简单地认为"西原借款"是日本出现大量对外贸易顺差后对中国的金融侵略。实际上,此时日本拥有的是大量的隐性贸易逆差,因为那时的英美银团,主要是指罗思柴尔德家族为首的"国际债权人集团"另一个跨国僭主集团苏格兰银团逐渐泡沫化了。罗氏通过日本央行财阀资本控股集团,从广义和狭义拥有着日本的实体工业,尤其是日本国营军工联合体"官业民营"后,被央行财阀集团白白拿去了,归了外国银行家族。

此时,日本所谓的"顺差",其本质是日本对"外资企业"的所有者"国际债权人集团"的逆差,这种特殊的金融战现象,在虚拟经济学中称作"**隐性贸易逆差**"。出现这种情况,必然是国家实体经济被控制,陷于危亡之时,却以"盛世危机、无人相信"的形式表现出来,性质等同于常规贸易逆差,危害却类似于受到持续的军事打击,民族主权和经济所有权,会逐渐被秘

密攫取。

日本央行财阀集团，因为央行分部也是财阀的银行，故称"央行财阀集团"，其对北洋政府的"西原借款"，总会被一些人看成是"日本谋国"所为，"固然龌龊，但也能理解"，实际上是在"谋日本国"，讽刺到了极点，这就是鲁迅先生说的"爱国贼"。

一个民族最根本的一点是要主动维护自身利益和所有权，而"明治维新"后的日本从整体来说，恰恰失去了这个特征，替代以个人和小集团的精打细算，舶来的新武士道文化替代了日本传统的武士精神，以一种"唯强求强"、"损人利己"、"以邻为壑"的**反道德心理欺骗**的包装，掩盖了投降卖国"有理"的内容。

反道德心理欺骗

由于在长期的进化过程中，尤其在私有制的历史阶段，个体与个体之间的交往趋于零和游戏；小集团与小集团之间的交往，也是如此。让一些人的认知产生了一种理解自私、相信自私，并以此作为衡量真假的潜意识尺度。利用这种被私有制扭曲的潜意识心理认知缺陷，故意用有利于个人或小集团的自私的显性表现和决策，有时会增加一些故意让人发现的"伪饰"，以此增加可信度，使身边的个体或小集团成员相信这个表现和决策的真实性与可信性，以此来实现侵害身边个体或小集团利益的心理欺诈策略，这就是广义投资决策论中的反道德心理欺骗，也是高端主导策略的一个组成部分，当实施主体是一个国家或地区的时候，则又属于民族历史心理学的一个实践子集。

所谓的"88舰队案"不是一次孤立的提案，而是历次扩建日本海军体系的提案总和。所谓的"88"指8艘战列舰和8艘重巡洋舰为骨干的"大炮巨舰主义"的过时产物，实际上不完全是这个比例，习惯以此命名而已。

央行财阀控制下的外资军工联合体迅速实现这个提案，日本就迅速的"强国"了，亚洲羡慕，世界震惊，实际上日本注定要亡国了。用华尔街企业生产的军舰去挑战英美体系的后果，唯有战败。罗思柴尔德家族安排国际金融热战趋势的时候，"预案胜利者"就建立航母体系，"预案失败者"就建立大炮巨舰体系，德日意全是大炮巨舰体系，"英美"与"德日意"等国的军工企业，也都是"独立央行"资本集团缔造和主导，无一例外。这与21世纪华尔街媒体宣扬"空降兵无用论"、"火力无用论"、"航母无用论"有异曲同工之妙。

财阀的魔杖——日本金融战役史

昭和金融战役，固然成功地"兼并"了日本的民族资本，尤其是中上层武士氏族资本和外围金融代理人资本，可引起的反弹也比农民被逼得破产出现的有限反弹大得多。1932年（昭和7年）5月15日，出现了以日本海军底层少壮军人为主，陆军少壮军人为辅的"特别事件"。他们主要想通过武力铲除央行集团，包括大藏省、三井等财阀、央行的重要人物，并以此来"拯救日本"。这无疑具有鲜明的反跨国银行家集团的特征和极右特征，也是军国主义思潮的副产品。由于执行不顺利，只杀了财务大臣、前大藏相、立宪民政党党魁井上准之助、三井财阀的团琢磨、首相犬养毅，这个事件是从1932年3月开始的一系列事件的总和，开头的事件被习惯称为"血盟团事件"，实际是一回事。

三菱财阀的总部也被手榴弹炸了，暗杀目标中还有来访的犹太演员查理·卓别林，因他与首相犬养毅的三子犬养健看相扑，未在家而幸免。由此可以看出，这些刺杀行动具有强烈的反犹特征，与纳粹德国非常类似。这个事件也具有法西斯性质，目的也在于军国主义"一统天下"，但迎合了日本上下痛恨央行财阀集团的思潮，日本上层武士氏族集团高兴得很，实际上背后就是他们在主导。据说各种署名联保信件，署名者多达上百万人；血书签名联保人数多达35万人，甚至还有切下手指，愿以命替死者。由于形势极具爆炸性，杀死首相、大藏相的"罪犯"没几年就被偷偷无罪释放了。这也从侧面说明了一个问题：这些事件有日本的"上层背景"。

武士氏族集团没有胜利，杀几个人，却大多破产了。实际上在"5.15事件"的较量中，日本武士氏族集团全面失败，得了面子，亏了里子。在军队中有很大影响力的武士氏族集团也并不满意，就在1936年（昭和11年）2月26日，发动了著名的"2.26事件"。这些人史称"皇道派"，即推崇"天皇"，建立"天皇"主导下的、全面的法西斯军国主义统治，而军队中的央行财阀集团则史称"统治派"，即维持现状，建立央行财阀集团主导下的日本法西斯军国主义统治。

由此也可以看出，二者在建立军国主义法西斯体制问题上并无矛盾，其本质是一种分赃不均后的争权夺势。抛开日本军部里的央行财阀系人员不谈，即便是日本军部中支持"敲打"央行财阀体系的集团，也属于央行财阀体系的范畴，不过亲亲疏疏罢了。参与政变者与央行财阀集团有着千丝万缕的联系，使之必然是资本的驯服工具，虽然有时"也不满意"，但这不会改变"主仆态势"。政变只持续了4天，就被优势军队击溃了，底层参

第九章 美丽的日本列岛、褪色的战役历史

与者均被秘密处决。

不过，一些"个人复仇目的"达到了，昭和金融战役的发起者历任大藏相、央行总裁、首相高桥是清被杀，除此之外，被杀的日本央行集团的高官很多，政变的少壮军官称之为"清君侧"，认为"一些坏人，裹挟了天皇，需要被清除"。

虽然央行军事集团取得了胜利，底层少壮派参与者也被处决了，但抵触很大，形势有全面失控的危险，很多参与者就没有处惩。比如，第二次世界大战后，被盟军法庭判处死刑并处决的日本战犯山下奉文(1885.11.8~1946.2.23)就是"2.26事件"的主要参与者之一，回顾一下历史就会发现，日本军部让他出兵的时候，可说是"兵少、任重、无援"，虽然主要由于日本兵力捉襟见肘，但总感觉有点让他送死的味道，他还真撑了几年，被当时的日本媒体称作"马来之虎"。

1937年，日本全面发动了侵华战争，军国主义这只日本央行财阀资本集团一手缔造的吃人怪兽显露出狰狞的可耻面目，走上了自我灭亡之路。华尔街垄断金融资本通过日本央行财阀资本予以幕后支持，以此发动了对亚洲各国，乃至美国的金融热战——很多人不理解这一点，因为善良的人们不了解"银行家没有祖国"的演变历史。金融僭主战时乱中取利，借刀杀人，战后广撒债务，"统一世界"。**前台杀人的是手握战刀的日本法西斯野兽，幕后操纵的是身穿西服的"国际债权人""路西法"。**

图片说明：1936年2月20日，高桥是清（左），历任首相、央行总裁、大藏相、正金银行负责人等要职，这是他与斋藤实（1858~1936），历任首相、内务大臣、海军预备役大将的合影，稍后全部被杀。他们是日本央行财阀集团的重要人物。

财阀的魔杖——日本金融战役史

(二) "偷袭珍珠港之谜"与"日本央行和平派"的实质

日本的密码通讯体系、情报体系都仿照美国开国元勋、秘密情报首脑汉密尔顿"华尔街·财政部金融情报体系"而建立，完全由日本央行财阀集团一手缔造，而所谓"日本"的"独立央行"，不仅是"国际债权人"，也就是"国际投资者"的控股私产，也是一个跨国金融情报体系。

这就是为什么日本财阀会和美国情报机构和美国华尔街的银行家罗斯福家族"心有灵犀"。日本前线的中下层官兵大多不理解这些问题的性质与后果。但日本的密码体系、战略制定、军工体系，一直牢牢控制在伦敦金融城和美国华尔街手中，也就是罗思柴尔德家族手中。有关罗斯福总统，华尔街银行世家早就知道"偷袭珍珠港"计划的传言，不一定就是空穴来风。"日本央行和平派"在第二次世界大战中，极力支持日本法西斯的侵略战争，也让日本背负了沉重的债务包袱，他们在战后纷纷出任高官，形成了一个绝对稳定的央行构架，并从法理上公开实施了央行的"外资化"和财阀的"跨国化"。

二、日本趣事

(一) 飘散的樱花·一休和小叶子的沧桑爱情与时代悲剧

图片说明：(左) 一休宗纯 (1394.2.1～1481.12.12)，日本历史上真正的"奇僧"一休；(右) 动画片《聪明的一休》中的"一休"。

动画片《聪明的一休》很多孩子都很喜欢看，里面一休的父亲是日本

第九章 美丽的日本列岛、褪色的战役历史

天皇后小松"天皇"（1377～1433），有关日本南北朝，请参看前面的内容。按照"协议"他死后应该由南朝后龟山"天皇"（1383～1392）的儿子承袭。实际上"南朝"不存在了，所谓的北朝也不存在了，这就引发了一系列的问题。"室町幕府"（约 1338～1573）第三代"大将军"就是足利义满（1358～1408），也就是动画片里的"将军阁下"，是明朝册封的"日本国王"，谥号"太上天皇"，就是"太上皇"的意思，不知是否与"天皇"有争议，也有学者认为足利义满的后人没有接受这个谥号，故没有僭越。

一休的母亲据传是南朝藤原显纯的女儿藤侍从，即日野中纳言的女儿伊予局，故此从小被迫送入安国寺出家，使其无后：

①"将军幕府"迫其出家表面上是维护"北朝"，实际上是一种弱化皇族的策略，藩阀势力也有此意。

②后宫有传统的争斗，如成功迫其出家，等于让一休在"大位之争"中提前"出局"。

③一休的父母在极端尖锐复杂的环境下，想让一休逃出斗争漩涡，起码留条性命。一休本人长寿、声名传世，比当时许多遭遇艰危的皇室成员要好得多，由此可见，一休出家的政治选择，明智且深谋远虑。

当时日本战乱不止，一直是战国时期，他的乳名叫千菊丸，真正的名字叫周建，当时日本寺庙里面起名用汉字。他自号狂云子，著有《狂云诗集》，由于生活放荡不羁，也有一些很不"雅"的外号，"瞎驴"、"梦闺"（自号）、"疯僧"等，他的正式禅宗名号为"一休宗纯"，"宗纯"类似于中国的"法号"（1394.2.1～1481.12.12）。

一休很苦，幼年出家，好不容易得到象外集鉴法师，就是动画片里面的"大师"正式收徒，未几师傅离世，一休抑郁不乐，险些投湖，为母亲所救。他后拜禅宗大灯国师，苦苦修行，却无果，又赶上社会空前混乱，道德沦丧，一休开始自暴自弃，醉酒眠花、破衣"胡言"，始成一代"奇僧"。

《狂云诗集》里面有这样一首诗《题淫坊》："美人云雨爱河深，楼子老禅楼上吟，我有抱持睫吻兴，意无火聚舍身心"。但是，这绝不是"花间派"的艳词，而是一个战乱时期爱国者的无限悲凉，也是对表面高谈入云，私下男盗女娼的战国乱世的真实写照。一休荒诞不经的背后是无尽的伤痛，是目睹国乱家破的挽歌。正是日本漫长的战国时代和贪暴愚昧的藩国武士，导致日本国家长期不能统一，经济发展缓慢，埋下了19世纪被欧美金融僭主逐渐控制的伏笔。

财阀的魔杖——日本金融战役史

　　一休一点都不糊涂，很有政治头脑。他晚年遇到了一件事。后土御门"天皇"（1442～1500）的母亲是藤原孝长之女藤原信子，藤原孝长可能是内大臣藤原高藤流的后裔，他可能想利用一休在日本民间的影响力，强行任命一休为大德寺主持。一休坚辞难却，就去了一天，然后就飘然而去，再也没有回去过。

　　不久爆发应仁之乱，大德寺被乱军烧成瓦砾。此后，"大名"都不给后土御门"天皇"钱，各地藩国财政独立，积极准备更大规模的战争，后土御门"天皇""五辞天皇之职不得"，饥寒而毙，死后连收尸的钱都没有，放在那里43天，没人理，也没钱买棺椁，不如一个和平时期的老百姓，一休之智和一休的无奈，都可以从这个事件看出来。这说明一休很聪明，他其实也很有感情，虽再也没去过大德寺，但却四处募捐交由他人重建了大德寺。

　　一休晚年，认识了一个美丽的流浪盲女，是一个歌女，年龄说法不一，约在10～40岁之间，一般认为20岁上下。这个女子叫森，也就是叶子，动画片里"小叶子"的原型。乱世歌女，双目失明，谋生何易？一休以她为潇潇晚年中的凄苦慰藉，"小叶子"以一休为生活依靠。

　　大约10年后（1481.11或1481.12.12说法不一）的一个深秋寒夜，一休在酬恩庵去世，死在小叶子的怀里，一休死后，失去了生活依靠的盲女叶子，自杀殉葬。

（二）日本"明治维新"至今的"大藏相"

　　包括："大藏卿"、"大藏大臣"、"大藏相"、"财政大臣"的列表。

大藏卿（"太政官制"时代）

　　1. 松平庆永 1869.9.16～1869.9.29；2. 伊达宗城 1869.10.16～1871.6.14；3. 大久保利通 1871.8.13～1873.10.12；4. 大隈重信 1873.10.25～1880.2.28；5. 佐野常民 1880.2.28～1881.10.21；6. 松方正义 1881.10.21～1885.12.22

大藏大臣（"旧宪法"时代）

　　1. 松方正义 1885.12.22～1892.8.8；2. 渡辺国武 1892.8.8～1896.3.17；3. 松方正义 1896.3.17～1896.8.27；4. 渡辺国武 1896.8.27～1896.9.18；5. 松方正义 1896.9.18～1898.1.12；6. 井上馨 1898.1.12～1898.6.30；7. 松田正久 1898.6.30～1898.11.8；8. 松方正义 1898.11.8～1900.10.19；9. 渡辺国武 1900.10.19～1901.5.14；10. 西园寺公望 1901.5.14～1901.6.2；11. 曾祢荒助 1901.6.2～1906.1.7；12. 阪谷芳郎 1906.1.7～1908.1.14；13. 松田正久 1908.1.14～1908.7.14；14. 桂太郎 1908.7.14～1911.8.30；

第九章 美丽的日本列岛、褪色的战役历史

15．山本达雄 1911.8.30～1912.12.21；16．若槻礼次郎 1912.12.21～1913.2.20；17．高桥是清 1913.2.20～1914.4.16；18．若槻礼次郎 1914.4.16～1915.8.10；19．武富时敏 1915.8.10～1916.10.9；20．寺内正毅 1916.10.9～1916.12.16；21．胜田主计 1916.12.16～1918.9.29；22．高桥是清 1918.9.29～1922.6.12；23．市来乙彦 1922.6.12～1923.9.2；24．井上準之助 1923.9.2～1924.1.7；25．胜田主计 1924.1.7～1924.6.11；26．滨口雄幸 1924.6.11～1925.6.3；27．早速整尔 1925.6.3～1925.9.19；28．片冈直温 1925.9.19～1927.4.20；29．高桥是清 1927.4.20～1927.6.2；30．三土忠造 1927.6.2～1929.7.2；31．井上準之助 1929.7.2～1931.12.13；32．高桥是清 1931.12.13～1934.7.8；33．藤井真信 1934.7.8～1934.11.27；34．高桥是清 1934.11.27～1936.2.27；35．町田忠治 1936.2.27～1936.3.9；36．马场锳一 1936.3.9～1937.2.2；37．结城丰太郎 1937.2.2～1937.6.4；38．贺屋兴宣 1937.6.4～1938.5.26；39．池田成彬 1938.5.26～1939.1.5；40．石渡荘太郎 1939.1.5～1939.8.30；41．青木一男 1939.8.30～1940.1.16；42．樱内幸雄 1940.1.16～1940.7.22；43．河田烈 1940.7.22～1941.7.18；44．小仓正恒 1941.7.18～1941.10.18；45．贺屋兴宣 1941.10.18～1944.2.19；46．石渡荘太郎 1944.2.19～1945.2.21；47．津岛寿一 1945.2.21～1945.4.7；48．広瀬豊作 1945.4.7～1945.8.17；49．津岛寿一 1945.8.17～1945.10.9；50．渋沢敬三 1945.10.9～1946.5.22；51．石桥湛山 1946.5.22～1947.5.24

大藏相（"新宪法"时代）

52．片山哲 1947.5.24～1947.6.1；53.矢野庄太郎 1947.6.1～1947.6.25；54.栗栖赳夫 1947.6.25～1948.3.10；55.北村德太郎 1948.3.10～1948.10.15；56.吉田茂 1948.10.15～1948.10.19；57.泉山三六 1948.10.19～1948.12.14；58.大屋晋三 1948.12.14～1949.2.16；59.池田勇人 1949.2.16～1952.10.30；60.向井忠晴 1952.10.30～1953.5.21；61.小笠原三九郎 1953.5.21～1954.12.10；62.一万田尚登 1954.12.10～1956.12.23；63.池田勇人 1956.12.23～1957.7.10；64.一万田尚登 1957.7.10～1958.6.12；65.佐藤荣作 1958.6.12～1960.7.19；66.水田三喜男 1960.7.19～1963.7.18；67.田中角荣 1963.7.18～1965.6.3；68．福田赳夫 1965.6.3～1966.12.3；69．水田三喜男 1966.12.3～1968.11.30；70.福田赳夫 1968.11.30～1971.7.5；71.水田三喜男 1971.7.5～1972.7.7；72.植木庚子郎 1972.7.7～1972.12.22；73.爱知揆一 1972.12.22～1973.11.23；74.田中角荣 1973.11.23～1973.11.25；75.福田赳夫 1973.11.25～1974.7.16；76.大平正芳 1974.7.16～1976.12.14；77.坊秀男 1976.12.14～1977.11.28；78.村山达雄 1977.11.28～1978.12.7；79.金子一平 1978.12.7～1979.11.9；80.竹下登 1979.11.9～1980.7.17；81.渡辺美智雄 1980.7.17～1982.11.27；82．竹下登 1982.11.27～1986.7.22；83.宫沢喜一 1986.7.22～1988.12.9；84.竹下登 1988.12.9～

1988.12.24；85.村山达雄 1988.12.24～1989.8.10；86.桥本龙太郎 1989.8.10～1991.10.14；87.海部俊树 1991.10.14～1991.11.5；88.羽田孜 1991.11.5～1992.12.12；89. 林义郎 1992.12.12～1993.8.9；90.藤井裕久 1993.8.9～1994.6.30；91.武村正义 1994.6.30～1996.1.11；92.久保亘 1996.1.11～1996.11.7；93.三塚博 1996.11.7～1998.1.28；94.桥本龙太郎 1998.1.28～1998.1.30；95.松永光 1998.1.30～1998.7.30；96.宫泽喜一 1998.7.30～2001.1.6

财务大臣（"财政厅"时代）

1.宫泽喜一 2001.1.6～2001.4.26；2.塩川正十郎 2001.4.26～2003.9.22；3.谷垣祯一 2003.9.22～2003.11.19；4.第2次小泉内阁 2003.11.19～2005.9.21；5.第3次小泉内阁 2005.9.21～2006.9.26；6.尾身幸次 2006.9.26～2007.8.27；7.额贺福志郎 2007.8.27～2007.9.26；8. 福田康夫内阁 2007.9.26～2008.8.2；9. 伊吹文明 2008.8.2～2008.9.24；10.中川昭一 2008.9.24～2009.2.17；11. 与谢野馨 2009.2.17～2009.9.16；12 .藤井裕久 2009.9.16～

（三）日本央行总裁列表

1.吉原重俊 1882.10.6（上任）；2.富田铁之助 1888.2.22（上任）；3.川田小一郎 1889.9.3（上任）；4 .岩崎弥之助 1896.11.11（上任）；5.山本达雄 1898.10.20（上任）；6.松尾臣善 1903.10.20（上任）；7 .高桥是清 1911.6.1（上任）；8.三岛弥太郎 1913.2.28（上任）；9.井上准之助 1919.3.13（上任）；10.市来乙彦 1923.9.5（上任）；11.井上准之助 1927.5.10（上任）；12.土方久征 1928.6.12（上任）；13.深井英五 1935.6.4（上任）；14.池田成彬 1937.2.9（上任）；15.结城丰太郎 1937.7.27（上任）；16.涩泽敬三 1944.3.18（上任）；17.新木荣吉 1945.10.9（上任）；18.一万田尚登 1946.6.1（上任）；19.新木荣吉 1954.12.11（上任）；20.山际正道 1956.11.30（上任）；21.宇佐美洵 1964.12.17（上任）；22.佐佐木直 1969.12.17(上任)；23.森永贞一郎 1974.12.17(上任)；24.前川春雄 1979.12.17（上任）；25.澄田智 1982.10.6（上任）；26.三重野康 1989.12.17（上任）；27 .松下康雄 1994.12.17（上任）；28.速水优 1998.3.20（上任）；29.福井俊彦 2003.3.20（上任）；（空白）2008.3.20（上任）；30.白川方明 2008.4.9（上任）

（四）从"李香兰"的神秘出现与消失，浅析跨国金融资本文化侵略的历史延续性

1. 其人

有一部香港拍摄的喜剧电影《国产凌凌漆》（1994 年香港回归之前出

品），里面提到了一个人物——李香兰。电影把她描述成为第二次世界大战期间的"汉奸"，这是一个延续了半个世纪的误解。这里将给尊敬的读者拨开层层迷雾，看看有关这名声显赫的"李香兰"到底是谁？

在日本法西斯侵华时期，有一个著名的"伪满洲国"歌手——"中国明星李香兰"，甚至日本投降后，还被以"汉奸罪"起诉。但李香兰不是中国人，是地地道道的日本人，服务于日本关东军和日本金融情报机构"满铁"下属的一个名义是为了"娱民、启民、时事"而成立株式会社满洲映画协会。

李香兰真名：山口淑子，婚后改名大鹰淑子，历任日本参议院议员、参议院外务委员会委员长，回到日本后用过"香兰山口"的化名。他的父亲是日本佐贺县杵岛郡北方村人，汉学世家，服务于日本关东军的"一些部门"。日本有关部门分别安排"伪满"的汉奸"将军"、"奉天银行行长"银行家，李际春和汉奸"（日伪）天津市长"潘政声（1943），假冒李香兰的生父，掩盖山口淑子真实身份。

她曾经先后化名李香兰和潘淑华，出演"《支那之夜》"等宣扬"大东亚共荣圈"的政治电影，直接服务于日本侵华战略，日本战败后被捕，于1946 年 2 月被宽大释放回日本（参考文献：一个日本女间谍的忏悔·李香兰的是是非非．人民网刊载：http://society.people.com.cn/GB/8217/7137711.html）。

山口淑子，也就是李香兰，是一个身份复杂，至少是"曾经"服务于日本金融情报机构的高级特工，并且她的身份各种政治势力都是知晓的。有关"国民政府"要以"汉奸罪"枪毙山口淑子，逼迫其当庭主动供认是日本人，然后"以德报怨"释放其回国，恐怕也是一个精心安排的宣传活动，旨在中日友好。

2. 走红

日本情报机构当时影响很大，还要找到张爱玲扶植"李香兰"，原因在于旧中国的文化体系，主要掌握在欧美金融僭主家族手中，光照会的力量很大。清朝腐败，贪官遍地，但如李鸿章出卖民族利益至此，卖国到秘密在跨国公司入股者，并不多见，直接背叛民族和"路西法崇拜者"搞在一起的清朝高官，已知的仅此一人（参考文献：张爱玲·才女如何爱上汉奸．凤凰新闻网刊载：http://news.ifeng.com/history/1/jishi/200809/0909_2663_773967.shtml）。

财阀的魔杖——日本金融战役史

图片说明：（左图）坐着的跷着二郎腿的女子张爱玲（1921～1995），爱玲不是本名，而是本名"Eileen"的译音，美国人，李鸿章的重外孙女。"有关方面"找到他，要她在上海扶植图中站着的、微微欠身、满脸谦恭的"李香兰"（1920.2.12～）。（右图）是李鸿章（1823.2.15～1901.11.7）亲自送给欧美金融僭主罗思柴尔德的签名照片，李鸿章签卖国条约，罗氏接手，他们秘密共有"福公司"。这是罗氏在华的金融托拉斯，李鸿章秘密入股，把资金、矿山无偿拨给这个外资企业，还允许其在华发行债券，可谓"空手套白狼"。李鸿章多次主持光照会的秘密仪式，被罗氏主导的欧洲媒体捧为"副皇"，几乎在共济会武装的力促下称帝，请参看"英国卷"。

张爱玲还是"汪伪集团"的"文胆"、大特务、大汉奸，历任"汪伪宣传部常务副部长"、"**汪伪法制局长**"、汉奸"大楚报"主笔、汉奸"中华日报"总编的胡兰成（1906～1981）诸多姘头之一。胡兰成比张爱玲大15岁，他在日本投降后，辗转逃到日本，与另一个姘头佘爱珍结婚。

佘爱珍是上海汉奸流氓吴四宝的妻子，但那个时候青洪帮也有爱国者，贪钱的也有爱国的，这对夫妻则毫无顾忌，是铁杆汉奸。

日本法西斯无恶不作，丧心病狂，杜月笙等人都离开了上海，不与日本人"合作"。吴四宝和妻子——女流氓佘爱珍立刻投靠日本，成了汉奸特务，也就是所谓的"76号"。吴四宝的直接上司，就是张爱玲所写《色戒》中"易先生"的原型，"76号"负责人汉奸特务丁默村，"76号"是"**汪伪法制局**"一个下属的秘密机构。这个大特务胡兰成执掌的"**汪伪法制局**"，不是管理"法律事务"，而是一个专门逮捕、渗透、拷打、杀害爱国人士的

第九章 美丽的日本列岛、褪色的战役历史

特务机构,在上海等地绑票杀人、伪造钞票、贩卖毒品无恶不作,很多商户和有钱人家都被绑过票,还常常"撕票",比土匪还恶劣。

图片说明:(左)《芙蓉锦鸡图》(右)《听琴图》,题绘者宋徽宗赵佶(1082～1135),人物传神、静画如动、细观闻声、银勾铁划、自成一家,文者师、君者戒、史者叹。

所谓的"76号",则更是专门替日寇抓捕、拷打、杀害抗日人士的特务机构,一切都是在胡兰成眼皮底下进行。佘爱珍是个专以折磨人为乐的"上刑手",还是交际花和杀手。这对魔鬼夫妻、沆瀣一气、丧心病狂,在上海无恶不作,老百姓深受其害。也因此深得大特务胡兰成赏识,佘爱珍就成了他的姘头之一,也是小特务吴四宝讨好大特务的晋见礼物,无耻肮脏,可见一斑。日本战败后,吴四宝死了,佘爱珍跟着胡兰成辗转跑到日本,侥幸逃脱。

后人要全面看待历史人物,比如大贪官严嵩,书法足可传世;误国、误己、误民族的千古罪人宋徽宗赵佶书画堪为一代宗师巨匠;大汉奸胡兰成文采飞扬,张爱玲的文笔,被捧为"才女"、"奇女"、"宗师",主要在于她的政治观点和历史背景。单纯从文字上来说,不要说在"全世界",就是随便找几个"旧上海滩"的落魄"枪手",都会写得比她好。

张爱玲根本就不适合写作,她的文字缺少古文之简朴秀美,原因在于她早年辍学、浮华外露,没有打好古文基础;她的文字没有现代文学的完

财阀的魔杖——日本金融战役史

善结构，原因在于她"长于人事，弱于文笔"；她的文字更缺少古文向现代文过渡时期许多作家拥有的综合表现能力，原因在于她根本就不是一个吃文字饭的人，她所博得的"盛誉"与"日伪"、"西方"的推崇，不过是"浮士德和路西法的交易"罢了。

"以陈凯歌、张艺谋为代表的'第五代'电影的成功，使中国电影研究自80年代中期开始就成为在西方颇有学术价值的研究领域。在20世纪40年代初，上海的电影文化是很政治化的，谁在什么电影中出现受到很密切的关注。在这种不稳定的城市气氛中，李香兰仗着她美丽的歌声而突然走红。"参考文献：(美)张英进. CInema and urban culture in shanghai, 1922～1943（中国电影与上海城市文化·1922～1943）之（序言"民国时期的上海电影与城市文化"）.美国：Stanford University Press.1999。

这是美国学者，美国圣地亚哥加州大学"中国研究中心"主任、文学系教授、博士生导师，曾任美国的"中国比较文学学会"主席、美国福布莱特基金会研究员的观点。

历史也许还有另一种解释，需要人们去知晓，"李香兰"是日本、"西方"和"汪伪"情报机构联手捧红的一个文化特工。

3. 尾声

山口淑子，即"李香兰"在美国时，同一个雕刻家纳古·艾萨姆（NoguchiIsamu，1904～1988）秘密结婚，又闪电离婚，1959年与日本外交官大鹰弘再婚，改名大鹰淑子。

李香兰被很多人至今误以为是中国人，对她真实身份至今不清楚。她的"工作单位"由日本侵华关东军军部情报参谋小林提议建立，这个神秘的"株式会社满洲映画协会"，由日本秘密警察（伪满）"民政部警务司"司长的特务甘粕正彦兼任董事长。1945年日本法西斯战败投降，满映理事长甘粕正彦畏罪自杀，这个所谓的"株式会社满洲映画协会"机构随之消失得无影无踪，档案资料被秘密毁掉，至今只有少数残片保留了下来，几乎成了一个谜。

"李香兰"第一个所谓的义父李际春是"(日伪)将军"和"银行家"，背景并不简单，不是个普通的伪军。李际春是和大汉奸石友三，同时接受天津特务机关中野吴光中佐和关东军情报官冈田菊三郎大佐的直接领导，是所谓的"反共救国军"的骨干。他们干尽坏事，老百姓对他们恨之入骨。李际春还与日本特务头子、曾任"关东军奉天特务机关长"的土肥原贤二

第九章 美丽的日本列岛、褪色的战役历史

是"拜把兄弟"。

李际春另一个参与结拜的拜把兄弟是山口文雄,也就是"李香兰"的生父,日本侵华关东军中的一个神秘人物。山口文雄绝非普通的"满铁"情报官,所谓的"满铁"是由日本关东军情报机构负责,由"独立央行"出资建立的一个金融性跨国军事情报机构,不是普通的"铁路公司"。

山口文雄如果没有点特殊的背景,恐怕无法和盘踞在天津、唐山、河北一带的关东军侵华急先锋"李际春"攀上"兄弟"。能够和日本特务头子土肥原贤二共同成为"李际春"拜把兄弟的日本人,"也要有一定的资格"。山口文雄很可能是日本关东军的高级情报官员,并且背景复杂,虽然对于这一点无法考证,但如果不是如此,他凭什么身份和日本特务头子土肥原贤二共同成为"李际春"的拜把兄弟。

东条英机(1884~1948),日本战犯,是日本侵华战争的罪魁祸首,由于日本金融战役简史到第二次世界大战爆发就结束了,故此没有涉及此人。他是日本央行财阀体系在日本军部的代理人。东条英机任内发动攻击美国夏威夷的珍珠港,他还是日本生化武器、人体实验的最高负责人,罪恶滔天,十恶不赦。

他毫无人性地煽动"神风攻击",但自己却贪生怕死到厚颜无耻的地步。日本战败后,一些日本法西斯战犯自知罪责难逃,各有"保命高招",大川周明装疯卖傻,东条英机则"假自杀"。他先找自己的保健医,测量他心脏的准确位置,然后用红笔画出一个击中就会死的范围。然后用手枪打这个范围之外,以此受伤却不死。实际上他可以让部下开枪或服毒、剖腹、上吊、投河,但他怕死。

一个丑陋、猥琐、虚伪、怕死的小人,在临死前又上演了一出丑剧。1948年11月12日,东条英机被远东国际军事法庭判处死刑,1948年12月23日执行绞刑。

他的儿子东条辉雄是三菱财阀的要员,女儿东条则是"日本非营利性组织"——"保护环境"的理事长。

土肥原贤二(1883~1948),甲级战犯、专门负责情报的"陆军大将",1948年12月23日被远东国际军事法庭判处死刑,后绞刑处决。

"九一八事变"、"伪满洲国建立"、"日本在华特高科体系"均由此人一手"操持",他和银行家、汉奸李际春是把兄弟不奇怪,因为日本是明治维新以后,仿照美国开国元勋大陆军秘密情报首脑汉密尔顿建立的华尔街

财阀的魔杖——日本金融战役史

金融情报体制，日本央行财阀集团和情报机构不分你我，这有利于金融僭主的跨国控制，土肥原贤二就是日本央行金融情报官员中的"佼佼者"，处决当天，怕他多说"不该说的话"，第一个把他绞死了。

李香兰，也就是山口淑子，曾化名潘淑华、香兰山口，婚后改名大鹰淑子，结交之广泛，手眼之宽阔，令人震惊。田中角荣引领其进入政界，竟然担任日本议员18年之久，历任日本前参议院议员和参议院外务委员会委员长，在极度讲求门第和出身的日本政界这是不可思议的咄咄怪事。并且她又以记者身份先后涉足世界各热点地区，与阿拉法特等名人都有交往，至今与小泉首相也有往来，不过人们不知道她曾经是著名的"中国电影明星李香兰"。

敬请关注

《金融刺客——金融战役史》系列丛书

（一）《水城的泡沫——威尼斯金融战役史》

（二）《海上马车夫——荷兰金融战役史》

（三）《古老的剑客——法国金融战役史》

（四）《铁血骑士团——德国金融战役史》

（五）《雾锁伦敦城——英国金融战役史》

（六）《开国的苦斗——美国金融战役史》

（七）《财阀的魔杖——日本金融战役史》

（八）《斑驳的铜锈——中国古代金融史》

（九）《飘散的烟云——世界金融战役史》

后　记

　　日本是一个熟悉又陌生的国度，人们见过日元，却不知道罗思柴尔德家族拥有着日元；人们痛恨日本军国主义发动的侵略战争，却不知道日本军工、情报、货币、储备、预算都掌握在"国际债权人·世袭央行股东"主导的日本央行财阀资本集团手中；人们听说过"三井、三菱、住友"等"日本财阀"，却不知道是"国际债权人"缔造了这些"在日本的资本控股集团"。

　　促成了"明治维新"的萨摩武士集团的核心"维新三杰"先后被消灭，导致日本没有形成一个稳定的民族政治核心，在"官业民营"的金融战骗局下，日本所有的国有企业，被"国际债权人"轻易地拥有了，日本民族资本消失了。

　　日本所经历的危机，以一种金融主义时代特有的"**隐性贸易逆差**"和"**政府破产运行**"的形式表现了出来。"隐性贸易逆差"让日本拥有了虚假的贸易"顺差"统计，这些本来应该计入日本逆差项目的外资企业的利润，被算成了日本的"利润"。结果就是日本实体经济被跨国金融资本逐渐控制"初期"（"消化期"），日本表现为财政充盈、储备过剩，然后就"突然"出现政府借新债还旧债，借新债还旧债利息……即政府财政破产现象，最后必然逐渐走向"国际债权人"托管日本财政的"债务解决之路"。问题是：**日本人民和日本政府从来就没有借过"国际债权人"一分钱，而是"国际债权人"剥夺了日本无数的财富和实体经济所有权，正在发生的不是"日本债务危机"，而是"日本金融战役"！**

　　世界金融战役史"日本卷"到此为止，更多精彩、诡异的金融战役等待着读者的赏读。谢谢！

　　　　https://sites.google.com/site/homeofjiangxiaomei/
　　　　http://abeautifulmind.blog.hexun.com/
　　　　homeofbeautifulmind@gmail.com
　　　　beautifulmin1711@sina.com

晓美工作室　2010 年 3 月　北京